我所知道的名人往事

大人雜誌精選

沈葦窗——原編
蔡登山——主編

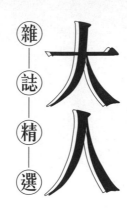

杜月笙之所以為杜月笙

陳存仁

民國十六年夏季，上海大疫。中西醫大忙，好多醫生都病倒了！南市廣益善堂首席內科醫生也病了，主任丁仲英老師命我即日接替代診，每日約診一百人，我因初初臨症，看得較慢。有一天到了下午四時，別的醫生都已走了，我尚未將開方存底料理完畢。忽然有一彪形大漢來找醫生看病，說是：「病人垂危，即刻要去出診。」一面說一面就拉我走。那時我年少氣壯，並無畏怯，登上他的汽車直駛道前街警察廳宿舍，見到一個病人高熱昏沉、手足抽搐，眞是危在旦夕！我診視之下，斷定是那時候最流行的傷寒症，我在丁老師門下，已經學到了一套治理傷寒的方法，就不慌不忙的處方而回。

次日清晨，病人神志已清醒，熱度亦減退，這樣經過十餘天，病人才告痊癒。原來這個彪形大漢，就是淞滬警察廳偵緝隊長韋鍾秀，他給我一張名片，還說：「以後有什麼事要我幫忙，隨時可以來找我，我每日下午六時到七時，總在四馬路萱茂源酒店，有一張固定的桌子，風雨無阻必到的。」

杜月笙氏（一八八八—一九五一）

此後，我從未找過韋鍾秀一次，倒是韋鍾秀常來找我。因他常有需要動筆墨的事，就到對門我住的地方，那時我住西中和里丁仲英師家，即在萱茂源對面弄內，找我去代他看信札、寫便條之類，寫得最多的，就是許多人向杜月笙先生拜師的門生帖。這類門生帖，有一定的欵式，用的都是紅紙，紙質極粗，毛筆寫上去是不吸墨的；我就自作主張改用梅紅箋，既柔軟又好寫，摺叠三層，面上再加上一個紅封套，前後共寫過四十多份。有一天韋鍾秀對我說：「你寫的門生帖，杜先生很讚美，要不要幾時陪你去見見他？」我說：「也好。」

晚間，我將此事稟告國學老師姚公鶴先生，並問杜氏是怎樣的人物？姚師告我杜氏大約是一個粗魯大漢，但對世故人情極爲通達；我們讀書人壞就壞在自以爲清高，結果却成「百無一用是書生」。這班人不要小看他沒有學問，但可以說是「人情練達皆學問，洞明世故即文章。」所以對我說：「去也不妨，常常去見識見識，或有領悟世情之處。」

姚師是前清舉人，國學深湛，當時文人，多數有烟霞癖，以「烟」會友，孟森（心史）、陳訓慈（布雷）、潘公弼諸先生，都是姚宅常客。孟心史先生還從傍說：「應該去，看看看，杜先生倒底是怎樣的一個人物？」

英雄見慣亦覺平常

韋鍾秀陪同我去見杜氏那天，恰好是端午節，我祇拿了一本硬面貼報簿，簿上剪貼了三段有關杜氏的新聞，因爲那時杜氏祇有大家口頭相傳他的豪邁故事，報紙上却比較少提到他的大名。有之，祇是這短小的三段新聞而已。

杜氏私邸，是在法租界華格臬路，書報上形容是侯王宅第，大廈連雲，其實地方並不大。私邸中，最主要的就是一間廂房，稱爲「大餐間」，大小不過二十二尺乘三十尺那麼大，我去見他那天，是在下午一時許，杜氏剛起身，室內除我和韋鍾秀之外，別無他客。他是瘦瘦的個子，體重約一百磅，穿了一件熟羅長衫，身材好像一個文弱書生，祇有一對鞋子，顯得有些特別，是純中國布鞋欵式，但不是布質，而是用深紫色的皮革來做的，此外一無特異之處。

他見到我之後，先寒喧幾句，都用浦東話，叫我坐在他的烟榻上，自己就抽起鴉片烟來。同時也叫我橫臥下來，說：「瞓下來談談」。他最初說：「你寫的門生帖我收到不少，寫得整齊乾淨，眞是不錯。」我說：「我有一件禮物送給你，這是最不值錢的東西。」他當時接了過去，打開來看，是一本貼報簿，裏面貼了三段剪報，他就問我這是什麼意思？我說：「杜先生民間的名聲很大，但報紙上尚少見到新聞，我搜集到三段新聞，特地剪下來送給你，」他聽了面露笑容，急促的說：「讀給我聽，讀給我聽。」我說第一段新聞是：「杭州西冷橋畔，新建「武松墓」，墓碑上刻着「義士武松之墓」，下欵具名的是黃某，張某和杜月笙三人。」他聽了這段新聞，哈哈一笑，顯得非常高興。

接着他很急促的問我：「第二段講啥？」我就告訴他，記的是「浦東中學部份校舍坍塌，由杜月笙捐資重建，」他聽了又是「噢！噢！噢！

《大人》雜誌精裝復刻本內文，圖為第三期收錄之文章〈杜月笙之所以為杜月笙〉。

銀海滄桑錄

「人言可畏」阮玲玉

蝶衣

自殺合同　不祥預兆

阮玲玉，是電影史上著名的悲劇演員。在她的私生活裏，也同樣是一位悲劇人物。

她初登銀幕，主演的影片是「掛名夫妻」；她自己的婚姻，從初嫁張達民到再嫁唐季珊，也都是掛名夫妻，並未正式舉行過婚禮。

民國二十四年的三八婦女節，阮玲玉爲了逃避訟事的糾葛，留下了「人言可畏」的遺言而服毒自殺。奇怪的是：她曾在民國十八年參加過一部影片的拍攝工作，片名就叫做「自殺合同」。

在中國電影史上，第一名自殺的是艾霞，她死於民國二十三年，留下的沉痛之遺言曰：「黑暗的電影圈！」

阮玲玉死於次一年，是爲了愛情而犧牲的第二個女明星。無疑地，她也是「自殺女明星」的前輩。

悲劇人物阮玲玉　丁聰作

當阮玲玉的第一位情侶張達民，與第二位情侶唐季珊纏訟的時期，有關她與張、唐之間的桃色新聞，被當時的影劇刊物視作大好資料，「阮玲玉遠避香港」以及「阮玲玉白麻子秘聞」一類的記載不斷出現，字裏行間極盡繪影繪聲之能事，因之市井街坊與茶樓酒肆等公衆場合的好事之徒，無不拾取此項混淆視聽的新聞，作爲說短道長的話題。

「人言可畏」再加上身處於訟案夾縫之中，阮玲玉無法解除精神上的痛苦，終於仰藥而死，在電影史上寫下了可悲的一頁。

小名鳳根　母爲傭婦

阮玲玉，祖籍廣東省香山縣（民國十七年，西曆一九二八年改爲中山縣。）左步頭鄉，清宣統元年（歲己酉，即西曆一九一〇年。）四月二十六日誕生於上海朱家木橋祥安里，小名鳳根。

父阮用榮，號帝朝，任職於上海浦東亞細亞火油棧的機器部。母何氏，於二十五歲的那一年生下玲玉。

民國四年（西曆一九一五年），阮玲玉六歲，全家由浦東的亞細亞火油棧工人住宅遷居到上海北四川路武昌路同仁里。

阮用榮積勞成疾，何氏經人引薦，入張姓人家當女傭，靠着一些微薄的工資，作爲調治丈夫疾病的醫藥費；但阮用榮終於病入膏肓，不治去世，遺下妻女，成了寡鵠孤女。

何氏料理罷丈夫的喪事之後，繼續在張家當女傭，玲玉則寄養在何氏的義姊家裏。次年張家准何氏把女兒帶在身邊，玲玉便也住到了張家。

這個張家，就是後來阮玲玉的第一任情侶張達民的老家。

張家是個大家庭，張家兄弟共有十一人之多，其中較爲人所習知的是張晴浦、惠民、慧冲、達民四兄弟。惠民、慧冲、達民是同一母親，此外都是同父異母。

在排行中，張達民是老七。

關於初戀　說法分歧

關於阮玲玉與張達民的結合，有兩種不同的傳說。

其一見之於公孫魯所著的「中國電影史話」第二集，有如下的記述：

民國十四年（西曆一九二五年），阮玲玉十六歲，在崇德女中就讀。童年時期的青梅竹馬之侶張達民，開始追求阮玲玉。

不久，玲玉輟學，與張達民結爲夫婦，同居於北四川路的鴻慶坊。

其時，張家已家道中落，達民是位公子哥兒，不事生產。玲玉投考明星影片公司，幸被錄取，榮任「掛名夫妻」一片的女主角。男主角是黃君甫與龔稼農，導演是卜萬蒼。

民國十六年遷居海寧路，她母親領養了一個

《大人》雜誌精裝復刻本內文，圖為第十五期收錄之文章〈「人言可畏」阮玲玉〉。

董源谿山行旅圖

詳細說明見省齋：「賞心樂事話當年」

董源谿山行旅圖（選自《大人》第一期）。

一團和氣（蘇州桃花塢年畫） 柳風藏

蘇州桃花塢年畫〈一團和氣〉（選自《大人》第九期）

梅蘭芳逝世十周年紀念（最後一次經香港飛日本贈送友朋的簽名照片）

1894—1961

梅蘭芳逝世十周年紀念照（選自《大人》第十六期）

上圖：百丑圖（選自《大人》第十七期）
下圖：天橋八怪圖〈處妙高嬉笑怒罵〉
（選自《大人》第二十一期）

黃賓虹題大千己巳自繪小像

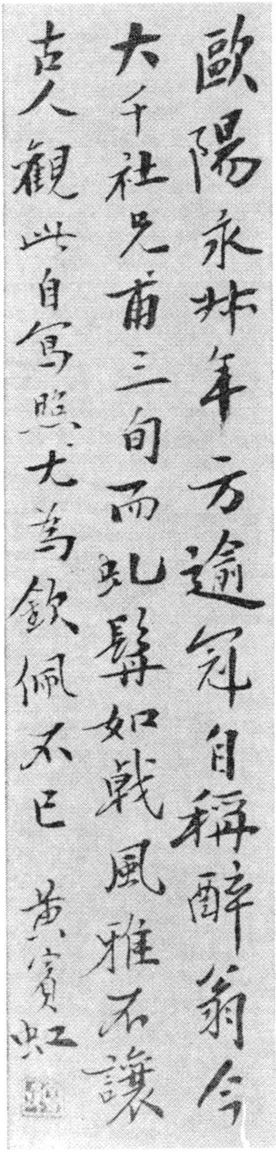
歐陽永叔年方逾冠自稱醉翁今
大千社兄甫三旬而虬髯如戟風雅不讓
古人觀此自寫照尤爲欽佩不已 黃賓虹

黃賓虹替張大千自繪畫像所題文字
（選自《大人》第二十三期）

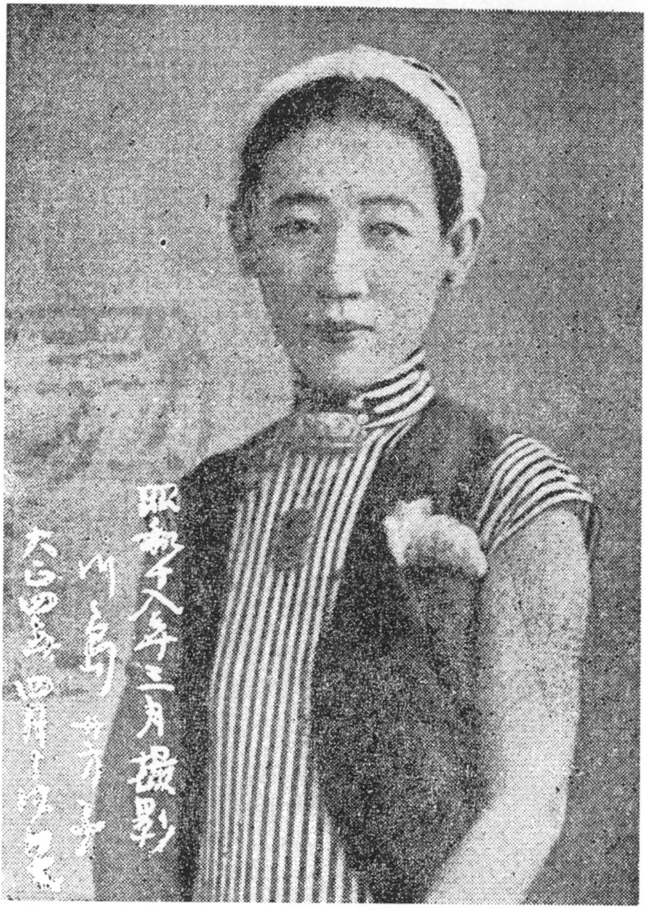

川島芳子照（選自《大人》第二十七期）

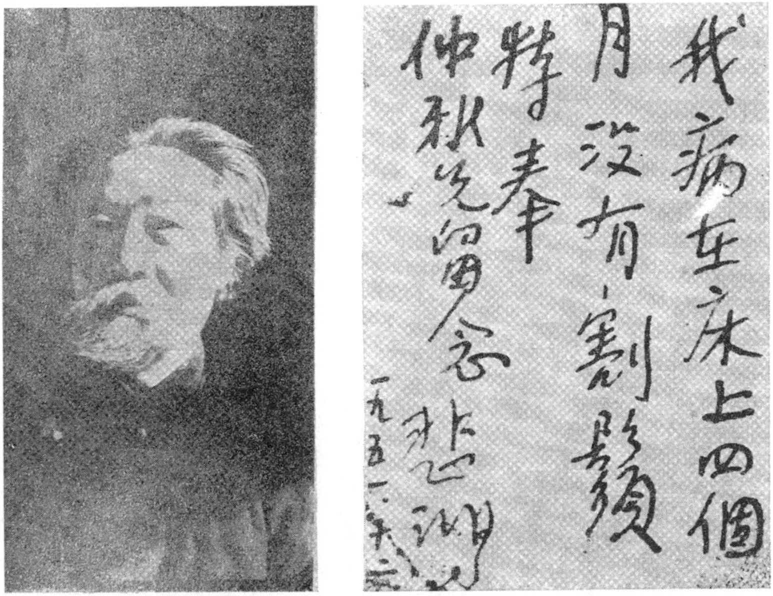

徐悲鴻逝世前三個月的長鬚照及其手跡（選自《大人》第三十四期）

梁啓超致康有爲書札（其一）

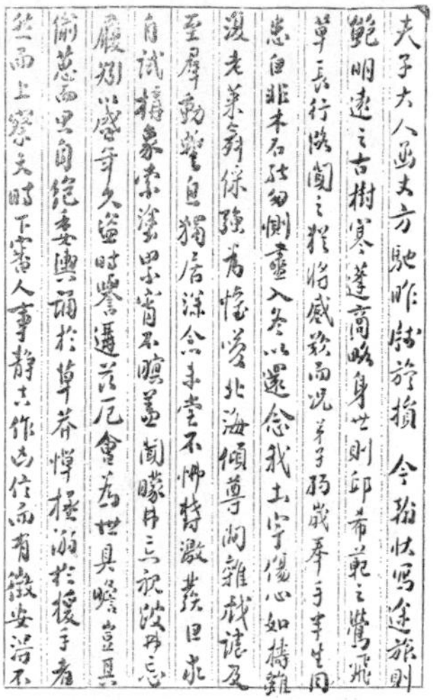

（其二）

（其三）

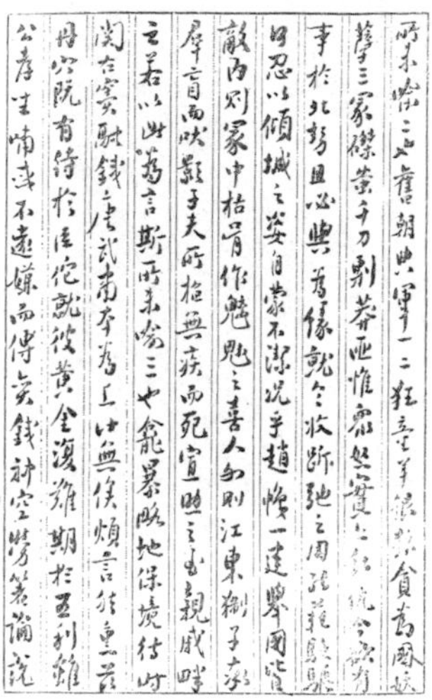

（其四）

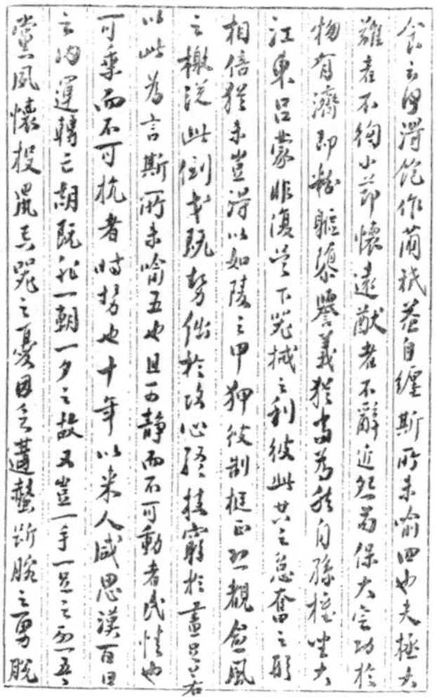

請參閱本期馬五先生撰「政海人物面面觀」

梁啟超致康有為書札（選自《大人》第三十五期）

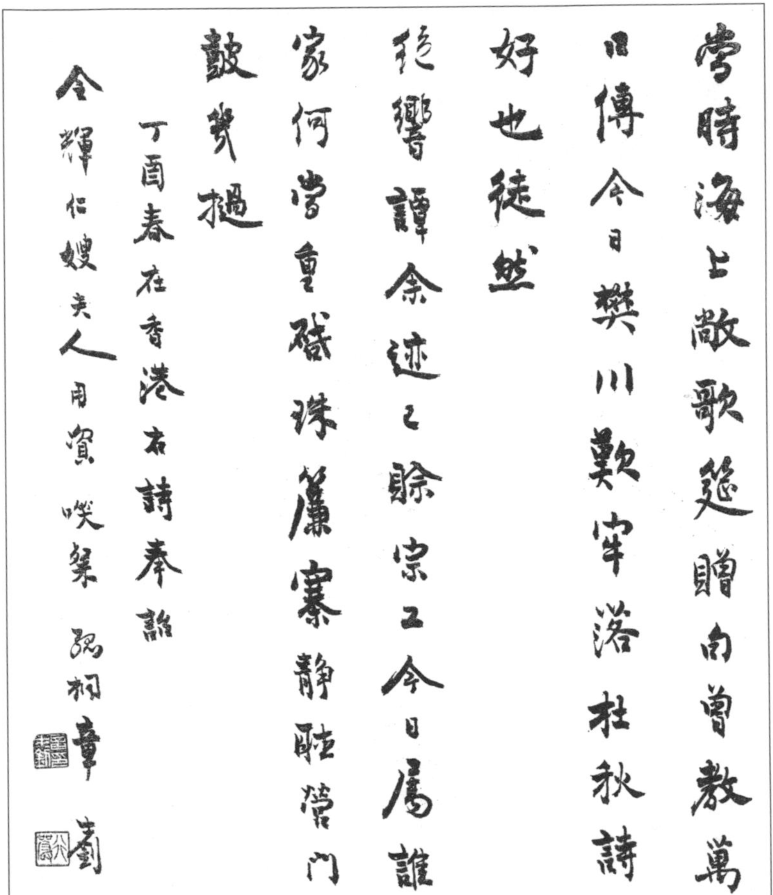

當時海上敞歌筵贈句曾教萬口傳今日樊川歎牢落杜秋詩好也徒然綴響譚余迹已賒宗工今日屬誰家何當重聽珠簾寨靜駐營門鼓幾撾

丁酉春在香港右詩奉詒

令輝仁嫂夫人用資咲粲　孤桐章士釗

請參閱本期豐子饒特稿「章士釗及其南游吟草」　章士釗贈孟小冬詩

章士釗贈孟小冬詩（選自《大人》第三十八期）

導讀：沈葦窗與《大人》雜誌

蔡登山

已故香港邵氏電影公司在台分公司總經理馬芳蹤說：「文化事業出版界，我最欽佩兩個人，一是台北《傳記文學》的社長劉紹唐兄，以單槍匹馬一個人的精力，把中國近代史的資料蒐集成庫，且絕不遜於此地的『歷史博物館』與大陸的『文史檔案館』。另一位就是香港《大成》的沈葦窗，《大成》是專門刊載藝文界的掌故與訊息，目前海峽兩岸包括海外，似乎還找不出第二本類似的刊物。」其實《大成》還有個前身就是《大人》雜誌，它創刊於一九七〇年五月十五日，至一九七三年十月十五日停刊，前後出了四十二期。一九七三年十二月一日《大成》緊接著創刊，至一九九五年九月沈葦窗病逝終刊，出了二百六十二期。兩個刊物合起來共三百零四期，前後有二十五年之久。它也是「一人公司」，香港作家古蒼梧說：「《大成》的業務，從編輯、校對到聯絡作者、郵寄訂戶，幾乎都由沈老一人包辦。每次我到龍記樓上《大成》編輯室送稿，總見到他孤單地在一堆堆雜誌與書刊中埋首工作，見我來了，便露出燦爛的笑容，跟我閒聊幾句，臉上毫無倦容。……」。當然可想見更早的《大人》的情況，亦是如此。

關於沈葦窗的生平資料不多，他是一九一八年十二月三十日出生，浙江省桐鄉烏鎮人。正如他自己說的：「我寫作至今，從未提過自己的家世。」只在〈記從兄沈泊塵〉一文中，他透露一些蛛絲馬跡：「祖父右亭公生子女九人，泊塵是三房長子，能毅、叔敖是他的胞弟。我父季璜公行九，娶我母徐太夫人，婚後居上海之台灣路，姪輩到上海求學，多住我家。我家兄弟都以『學』字排行，泊塵名學明，家兄吉誠名學謙，我名學孚。我生在台灣路，大約我出世未久，這位『明哥哥』便去世了！」沈泊塵卒於一九一九年，得年僅三十一歲。沈泊塵兄弟三人曾合辦《上海潑克》畫報，為中國漫畫報刊的始創者。作家陳定山就說：「上海報紙之有漫畫，始於沈泊塵。若黃文農、葉淺予、張光宇正宇兄弟，皆為後輩矣。」

沈葦窗畢業於上海中國醫學院，據香港的翁靈文說沈葦窗自滬來港後，雖投身出版事業，但也常應稔友們之請，望聞切問開個藥方，多能藥到病除。沈葦窗曾任香港麗的呼聲廣播有限公司金色電臺編導、電視國劇顧問。他的夫人莊元庸也一直在「麗的呼聲」工作，莊女士其實早在上海名氣就很大了，每天擁有十萬以上的聽眾，她口才好，聲音悅耳，有「電台之鶯」的雅號。後來在台灣的華視也工作過，我還看過她演出《星星知我心》的連續劇。

沈葦窗是崑曲大師徐凌雲的外甥，徐凌雲曾對寧波、永嘉、金華、北方諸崑劇，甚至京劇、灘簧、紹興大班等悉心研究，博採眾長。十八歲登臺，堅持長期練功不輟，生、旦、淨、末、丑各行兼演，「文武崑亂不擋」。後來又與俞粟盧、穆藕初等興辦蘇州崑劇傳習所，培養「傳」字輩一代崑劇藝人有功。沈葦窗說他自己：「少年時即好讀書，有集藏癖，年事漸長，更愛上了戲曲。其時崑曲日漸式微，但因我的舅父徐凌雲先生是崑曲大家，總算略窺門徑；還是和平劇接近的機會多，凡是夠得上年齡的名角，都締結了相當的友誼，搜羅有關平劇書籍更不遺餘力。」他後來將這些重要史料收藏，如《富連成三十年史》、《京戲近百年瑣記》、《清代燕都梨園史料》、《菊部叢譚》、《大戲考》等十二部珍貴或絕版史料，以「平劇史料叢刊」由劉紹唐的傳記文學社出版，嘉惠後學。

沈葦窗在上海時期，就在小報上寫文章。一九四〇年金雄白在上海創辦一份小型四開報紙，名為《海報》，當時寫稿的人可說是極一時之選，長期在《海報》撰稿的有陳定山、唐大郎、平襟亞、王小逸、包天笑、蔡夷白、吳綺緣、徐卓呆、鄭過宜、范煙橋、謝啼紅、朱鳳蔚、盧一方、沈葦窗、陳蝶衣、馮鳳三、柳絮、惲逸群等，女作家中，更有周鍊霞、陳小翠諸人。沈葦窗當年曾是金雄白辦報時的作者，沒想到幾十年後金雄白變成了是沈葦窗的作者。《大人》初創時期，就有一個非常壯觀堅強的撰稿人隊伍，這些人大多是大陸鼎革後，流寓在香港和臺灣的南下文人、名流和藝術家，大都是沈葦窗的舊識，也可見他在舊文化圈中人脈的廣博。

《大人》雜誌給這些人提供了一個發表文章的重要平臺，刊載了大量有價值的文章和重要的第一手史料。其中像被稱為「中醫才子」的陳存仁的兩本回憶錄《銀元時代生活史》、《抗戰時代生活史》，都先後在《大人》及《大成》上連載，而後才集結出書的。《銀元時代生活史》後來在一九七三年三月，由香港吳興記書報社出版，張大千題耑，沈葦窗撰序云：「一九七〇年五月，《大人》雜誌創刊，我承乏輯務，初時集稿不易，因而想到陳存仁兄，他經歷既豐，閱人亦多，能寫一手動人的文章，於是請他在百忙之中為《大人》撰稿，第一期他寫了一篇記章太炎老師，果然文筆生動，情趣盎然，大受讀者歡迎。存仁兄的文章，別具風格，而且都是一手資料，許多事情經他一寫，躍然紙上，如歷其境，如見其人，無形之中成為我們《大人》雜誌的一員大將。《銀元時代生活史》刊載以後，更是遐邇遍傳，每一段都富有人情味和親切感，存仁兄向有考證癖，凡是追本究源，文筆輕鬆，尤其餘事。綜觀全篇，包含著處世哲學、創業方法、心理衛生、生財之道，對讀者有很大的啟發性和鼓勵性，實在是老少咸宜的良好讀物。今當單行本問世，讀之更有一氣呵成之妙，存仁兄囑書數言，因誌所感，豈敢云序。」

再者在《大人》甚至後來的《大成》上，占有相當份量的，莫過於「掌故大家」高伯雨（高貞白、林熙）的文章了。一般說起「掌故」，無非是「名流之燕談，稗官之記錄」。但掌故大家瞿兌之對掌故學卻這麼認為：「通掌故之學者是能透徹歷史上各時期之政治內容，與夫政治社會各種制度之原委因果，以及其實際運用情狀。」而一個對掌故深有研究者，「則必須對於各時期之活動人物熟知其世襲淵源師友親族的各族關係與其活動之事實經過，而又有最重要之先決條件，就是對於許多重複參錯之瑣屑資料具有綜核之能力，存真去偽，由偽得真……」。能符合這個條件的掌故大家，可說是寥寥無幾，而高伯雨卻可當之無愧。高氏文章或長篇大論，或雋永隨筆，筆底波瀾，令人嘆服！難怪香港老報人羅孚（柳蘇）稱讚說：「對晚清及民國史事掌故甚熟，在南天不作第二人想。」而編輯家林道群也讚曰：「高伯雨一生為文自成一家，他的『隨筆』偏偏不如英國的essay，承繼的是中國的傳統，溶文史於一，人情練達，信筆寫人記事，俱是文學，文筆之中史識俯拾皆是。」這是高伯雨的高妙處，也是他獨步前人之處。

資深報人金雄白筆名「朱子家」，曾在《春秋》雜誌上連載《汪政權的開場與收場》而聞名。沈葦窗邀他在《大人》再寫了〈「海報」的開場與收場〉、〈委員長代表蔣伯誠〉、〈梁鴻志死前兩恨事〉、〈「入地獄」的陳彬龢〉、〈倚病榻，悼亡友〉、〈梁鴻志獄中遺書與遺詩〉等文，因大都是作者所親歷親聞，極具史料價值。一九七四年他的《記者生涯五十年》開始在《大成》雜誌第十期連載，迄於一九七七年六月的第四十三期為止，前後達兩年又十個月之久，共六十八章，幾近三十萬字。金雄白說：「七十餘年的歲月，一彈指耳，回念生平，真是如幻如夢如塵，在世變頻仍中，連建家毀家，且已記不清有多少次了，俱往矣！留此殘篇，用以自哀而自悼，笑罵自是由人，固不必待至身後。」

還有早期的老報人，著名雜誌《萬象》的第一任主編陳蝶衣，他後來來到香港，還是著名的電影編劇、流行歌曲之王。六十多年來，陳蝶衣光是歌詞的創作就有三千多首。人們尊稱他為「三千首」。周璇、鄧麗君、蔡琴、張惠妹……，中國流行音樂史上一代又一代的歌后們，都演唱過他寫的歌。他在《大人》除寫了〈一身去國八千里〉、〈舉家四遷記〉、〈我的編劇史〉、〈花窠素描〉等自身的回憶文章外，還有《銀海滄桑錄》的專欄，寫了有關張善琨、李祖永、林黛、王元龍、陳厚、胡蝶、阮玲玉、李麗華、周璇等人，所記多是外間少人知的資料。後來以《香港影壇秘錄》為名出版了。

曾經在上海淪陷時期，創刊《古今》雜誌，網羅諸多文人名士撰稿，使《古今》成為當時最暢銷也最具有份量的文史刊物的朱樸，一九四七年到了香港，早已成為一名書畫鑑賞家了，並以「省齋」為筆名撰文。沈葦窗說：「我草創《大人》雜誌，省齋每期為我寫稿，更提供許多書畫資料。那時，省齋在王寬誠的寫字樓供職，薪水甚少，但有一間寫字間卻很大，他每天下午到那裡去轉一轉，看看西報，主要的工作是為王寬誠鑑定書畫。」

當時已渡海來台的陳定山，是名小說家兼實業家天虛我生（陳蝶仙）的長子，他早年也寫小說，二十餘歲已在上海文壇成名了，他工書，擅畫，善詩文，有「江南才子」之譽。來台後長時期在報紙副刊及雜誌上寫稿，筆耕不輟，同時也為《大人》寫稿，陳定山因長居滬上，嫻熟上海灘中外掌故逸聞，一代人事興廢，古今梨園傳奇，信手拈來，皆成文章，乃開筆記小說之新局，老少咸宜，雅俗共賞。這些文章後來成為《春申舊聞》的部分篇章。

詩人易順鼎（實甫）之子，寫有《閒話揚州》引起揚州閒話的易君左，在一九四九年冬抵香江時，曾在鑽石山住過，當時那裡住有不少是國內逃避戰禍而抵港的知識份子，因此他寫有〈鑽石山頭小士多〉、〈記香港幾次文酒之會〉等文。更值得重視的是他寫的「文壇憶舊」，包括：〈我與郁達夫〉、〈曾琦與左舜生〉、〈詞人盧冀野〉、〈田漢和郭沫若〉。這些文章所寫的人物皆作者有過深交的文友，寫來自不同於一般的泛泛之論。可惜的是一九七二年易君左病逝台北，一九七二年四月十五日出版的《大人》刊出的〈田漢和郭沫若〉已註明是「遺作」了。

國民黨政要雷嘯岑，歷任南昌行營機要秘書、安徽省政府委員兼教育廳廳長、鄂豫皖三省總司令部秘書、湖北省第七區行政督察專員、重慶市教育局局長、《和平日報》社總主筆、《中央日報》社主筆。一九四九年七月去香港、任《香港時報》社總主筆。一九六〇年在港創辦《自由報》並受聘為香港德明書院新聞學系主任。他在《大人》以筆名「馬五」，寫有「政海人物面面觀」一系列文章。

他如，老報人胡憨珠長篇連載的〈申報與史量才〉，及當年曾在上海中文《大美晚報》供職的張志韓，所寫的〈血淚當年話報壇〉長文，都有珍貴的一手資料。

而沈葦窗自己也寫有〈葦窗談藝錄〉，談得較多的是京劇，這是他的本行。甚至《大人》每期有關京劇崑曲的文章，都佔有一定的比重，這也是這個雜誌的特色，同時也成為喜好京劇崑曲的讀者的重要收藏。沈葦窗的哥哥沈吉誠，在香港電影戲劇界、文化新聞界都相當吃得開，他在《大人》以「老吉」筆名，從第二期起寫有〈馬場三十年〉至第三十八期連載完畢，講的是香港的賽馬。在上世紀五〇年代，老吉的《馬經大全》，曾經風行一時。

《大人》每期約一百二十頁，用紙為重磅新聞，樸素大方。內頁和封底為名家畫作、法書或手跡，畫家有齊白石、吳湖帆、黃賓虹、張大千、溥心畬、傅抱石、關良、陳定山、黃君璧、吳作人、李可染、周錬霞、梅蘭芳、宋美齡等。從第三期開始，每期都有四開彩色精印的銅版名家畫作或法書的插頁，精美絕倫。這些插頁除已列的上述部分畫家外，還有：邊壽民的蘆雁，新羅山人、虛谷的花鳥，沈石田、陸廉夫、吳伯滔、金拱北的山水，鄧石如、劉石庵、王文治的法書等。但由於這些插頁開本極大，採折疊方式，裝訂在雜誌的正中間，常為舊書店老闆取下，另外販售。此次復刻本，多期就沒有這些插頁，但在目錄中編有該插頁的頁碼，有時會有八頁之多，其實它是一張大畫折疊的頁碼，如今畫雖不見，但不影響內文，因該畫和內文是完全不相關的。在此聲明，希望讀者明瞭，不要以為雜誌有所「缺頁」是好。

這次能輯全整套雜誌而復刻，首先要感謝熱心協助，並提供收藏的師長好友：資深報人鑑賞家黃天才先生、收藏家董良彥（君博）先生、史料家秦賢次先生及香港的文史家方寬烈先生、學者作家盧瑋鑾（小思）女士。《大人》在臺灣流通極少，甚至國家圖書館都沒有收藏，筆者首先見到的是秦賢次兄已捐贈給中央研究院文哲研究所的部分雜誌，驚嘆之餘，才興起要收藏這份雜誌的念頭。但談何容易，歷經數載，找遍舊書攤才得不到四分之一之數。後經黃天才先生提供他的收藏，並熱心找到收藏家董良彥先生的珍貴收藏，董先生的十幾本雜誌品相極佳。在整理蒐集到手的四十二期雜誌，發現其中兩期有脫頁，於是藉著到香港開學術研討會之便，我和賢次兄又找到方寬烈先生及小思老師，經他們協助影印，補全了全套雜誌的內容。

我曾在二〇一〇年十月十七日香港的《蘋果日報》副刊寫有〈遲來的懷念〉一文，開頭說：「今年九月底，我到香港參加張愛玲誕辰九十週年國際學術研討會。十五年前的九月八日張愛玲被發現死在洛杉磯公寓，無人知曉，據推測她的死亡時間應該是九月二日或三日。而幾天之後的九月六日沈葦窗因食道癌在香港病逝。之所以將兩人並提，是他們都是『寂寞的告別』人世。正如作家穆欣欣所說的：『張愛玲走得孤寂而熱鬧。說孤寂，到底是她自己選擇的一種方式，待世人知曉，已是六七天之後；說熱鬧，是世人不甘，憐她愛她。她像中秋的月亮，走了之後，人間還得追望。比起張愛玲，另一個人走得更寂寞。起碼，他連最後的繁華都沒有。他是《大成》雜誌的主編沈葦窗先生。』是的，早在一九九三年，我籌拍張愛玲的紀錄片，次年還收到張愛玲的傳真信函。她故去之後《作家身影》紀錄片播出，之後我又寫了兩本關於她的書，並推薦李安導演拍她的〈色，戒〉。而對沈葦窗我至今無一字提及，這篇小文就算是遲來的懷念吧！」現在把這段文字轉錄於此，依舊是對他的懷念！

目次

我所知道的名人往事：《大人》雜誌精選

編輯前言

蔡登山

關於沈葦窗創辦《大成》雜誌，我是早有耳聞，而且在國家圖書館也翻閱過。但在《大成》雜誌之前，他還創辦了《大人》雜誌，這事要到二〇〇〇年左右我才知曉，原來《大人》是《大成》的前身，雖然只辦了四十二期，但遠比《大成》更精彩。其實在一九七〇年前，在香港已經有文史雜誌如姚立夫創辦的《春秋》、高伯雨創辦的《大華》、岳騫創辦的《掌故》，但就其內容及作者而言，無疑的《大人》、《大成》要算第一，因此著名藏書家和書畫家何家幹就寫過〈空前絕後的《大人》和《大成》〉（網路可查到）一文，洵非虛言。

由於《大人》較少人知道，各圖書館均沒有收藏，當年香港雜誌是無法進口的。於是我花了數年的時間努力尋找還得不到四分之一，後經港台兩地的文友、收藏家的協助，才收齊全套，交由秀威資訊有限公司復刻，精裝成十二冊合訂本，於二〇一二年五月全部出齊。

《大人》在一九七〇年間在香港出版時，由於每期印量不多，又因其內容精彩，作者陣容堅強，許多名家的文章，極具史料價值，彌足珍貴。因此喜好者往往加以收藏，不輕易流出，即使在香港舊書店都不易尋覓，據香港朋友說偶見之，每本索價千元港幣，而有次新亞拍賣全套更高達近十萬港幣，真是奇貨可居。

秀威的精裝十二冊合訂本出版後，也獲得相當的迴響，許多圖書館及喜好文史、戲劇、藝術、繪畫的讀者都紛紛採購。連網路上現在也可以檢索到《大人》雜誌、沈葦窗等等資料了，另外在二〇一五年沈葦窗的故鄉浙江桐鄉的雜誌《梧桐影》第七期做了「沈葦窗紀念專輯」，我也提供了〈沈葦窗與《大人》雜誌〉一文，共襄盛舉。

《大人》四十二期有近千篇的文章，都值得一讀再讀的，我們也編有四十二期的總目錄，包括篇名及作者名，讓你很容易找到你要的文章。另外很多文章都是作者親歷的，寫來特別有味，不同於一般的官樣文章，就此我們編輯了《我所知道的名人往事》這一主題，但由於篇幅所限，很多文章只能割愛，選了十二篇權當讓你解解饞罷了。若你要得窺全貌，還得找到合訂本，尤其是書中還有許多珍貴的照片、名家的真跡、畫家的畫作等等，是值得收藏的。

編輯說明：

本書為依據原刊《大人》雜誌之重新打字版本，為保留此一珍貴史料之原貌，在內文中若遇有錯字、異體字、方言、翻譯與今昔用語習慣不同之處，如「澈底」、「名刺」、「哪能講法」等，除少數必要之修正外，其餘皆盡量予以保留，以求原汁原味。

杜月笙之所以為杜月笙

陳存仁

民國十六年夏季，上海大疫。中西醫大忙，好多醫生都病倒了！南市廣益善堂首席內科醫生也病了，主任丁仲英老師命我即日接替代診，每日約診一百人，我因初臨症，看得較慢。有一天到了下午四時，別的醫生都已走了，我尚未將開方存底料理完畢。忽然有一彪形大漢來找醫生看病，說是：「病人垂危，即刻要去出診。」一面說一面就拉我走。那時我年少氣壯，並無畏怯，登上他的汽車直駛道前街警察廳宿舍，見到一個病人高熱昏沉、手足抽搐，真是危在旦夕！我診視之下，斷定是那時候最流行的傷寒症，我在丁老師門下，已經學到了一套治理傷寒的方法，就不慌不忙的處方而回。

次日清晨，病人神志已清醒，熱度亦減退，這樣經過十餘天，病人才告痊癒。原來這個彪形大漢，就是淞滬警察廳偵緝隊長韋鍾秀，他給我一張名片，還說：「以後有什麼事要我幫忙，隨時可以來找我，我每日下午六時到七時，總在四馬路言茂源酒店，有一張固定的桌子，風雨無阻必到的。」

此後，我從未找過韋鍾秀一次，倒是韋鍾秀常來找我。因他常有需要動筆墨的事，就到對門我住的地方，那時我住滬西中和里丁仲英師家，即在言茂源對面弄內，找我去代他看信札、寫便條之類，寫得最多的，就是許多人向杜月笙先生拜師的門生帖。這類門生帖，有一定的款式，用的都是紅紙，紙質極粗，毛筆寫上去是不吸墨的；我就自作主張改用梅紅箋，既柔軟又好寫，摺疊三層，面上再加上一個紅封套，前後共寫過四十多份。有一天韋鍾秀對我說：「你寫的門生帖，杜先生很讚美，要不要幾時陪你去見見他？」我說：「也好。」

晚間，我將此事稟告國學老師姚公鶴先生，並問杜氏是怎樣的人物？姚師告我杜氏大約是一個粗魯大漢，但對世故人情極為通達；我們讀書人壞就壞在自以為清高，結果卻成「百無一用是書生」。這班人不要小看他沒有學問，但可以說是「人情練達皆學問，洞明世故即文章。」所以對我說：「去也不妨，常常去見識見識，或有領悟世情之處。」

姚師是前清舉人，國學深湛，當時文人，多數有煙霞癖，以「煙」會友，孟森（心史）、陳訓慈（布雷）、潘公弼諸先生，都是姚宅常客。孟心史先生還從旁說：「應該去，看看看，杜先生到底是怎樣的一個人物？」

英雄見慣亦覺平常

韋鍾秀陪同我去見杜氏那天，恰好是端午節，我只拿了一本硬面貼報簿，簿上剪貼了三段有關杜氏的新聞，因為那時杜氏只有大家口頭相傳他的豪邁故事，報紙上卻比較少提到他的大名。有之，只是這短小的三段新聞而已。

杜氏私邸，是在法租界華格臬路，書報上形容是侯王宅第，大廈連雲，其實地方並不大。私邸中，最主要的就是一間廂房，稱為「大餐間」，大小不過二十二尺乘三十尺那麼大，我去見他那天，是在下午一時許，杜氏剛起身，室內除我和韋鍾秀之外，別無他客。他是瘦瘦的個子，體重約一百磅，穿了一件熟羅長衫，身材好像一個文弱書生，只有一對鞋子，顯得有些特別，是純中國布鞋款式，但不是布質，而是用深紫色的皮革來做的，此外一無特異之處。

他見到我之後，先寒暄幾句，都用浦東話，叫我坐在他的煙榻上，自己就抽起鴉片煙來。同時也叫我橫臥下來，說：「瞓下來談談」。他最初說：「你寫的門生帖我收到不少，寫得整齊乾淨，真是不錯。」我說：「我有一件禮物送給你，這是最不值錢的東西。」他當時接了過去，打開來看，是一本貼報簿，裡面貼了三段剪報，他就問我這是什麼意思？我說：「杜先生民間的名聲很大，但報紙上尚少見到新聞，我搜集到三段新聞，特地剪下來送給你。」他聽了面露笑容，急促的說：「讀給我聽，讀給我聽。」我說第一段新聞是：「杭州西冷橋畔，新建『武松墓』，墓碑上刻著『義士武松之墓』，下款具名的是黃某，張某和杜月笙三人。」他聽了這段新聞，哈哈一笑，顯得非常高興。

接著他很急促的問我：「第二段講啥？」我就告訴他，記的是「浦東中學部分校舍坍塌，由杜月笙捐資重建，」他聽了又是「嘆！嘆！嘆！」微笑不已。

等他笑過了，我又讀第三段，記的是靜安寺寺僧爭嘗產，由杜月笙調解平息。他聽後又笑了一陣，他說：「今天端午，收到的禮物很多，但我最喜歡的倒是你的這本簿子，以後有任何新聞，你都替我留心剪下來，補貼在這本簿子上。」接著就閒聊了許多上海掌故，他聽了覺得非常有趣。他說：「你以後多來來，以這個時間為最空閒。」話未說完，來訪的人已經絡繹不絕，於是我和韋鍾秀就告辭了。歸途中，我感到有一種印象，杜氏並不是理想中的偉男子，完全是一個文弱書生的品型，真所謂「英雄見慣亦平常」，但是韋鍾秀對我說：「普通客人去探訪杜先生，他只是用手一揮，指著旁邊的紅木椅子，說：『請坐，請坐』四字為限，坐到煙榻上的人便是上客，要橫臥下來陪他的便是上賓，到他那裡去的人文人極少，他特別看重你，你該常去走走。」

識字不多而明事理

照我的記憶，杜先生最初不是叫月笙，他自己只識得自己的姓名「杜月生」三字。因為浦東人的習慣，取名都叫金生、根生、貴生之類。後來不知道是那位風雅人士在他的「生」字上，加上一個竹字頭，成為「笙」字。才改作「杜月笙」的。

其時他認識的字，除了自己的名字之外，大約只識「一至十」十個數目字，這是我最初見到的情況。後來請了一位教書先生，天天為他讀報，約三十分鐘。此外還給他認兩個方塊字。

就這樣經過了若干年，竟會看信看報。

他對熟人並不諱言，一生從未受過教育，只是幼年時由浦東高橋渡海，到對面楊樹浦一間小學校，當了五個月的一年級學生（其時無幼稚園，初讀方字），學費是小洋五毫。到了第五個月，因五毫子籌不到，就此輟學。

他飛黃騰達之後，大達輪船公司新船下水，請他去主持下水禮，車經楊樹浦，他遠指一間毀損不堪的小學校，告訴那位船東說：「我曾經在這間學校讀過五個月書，後來再也沒有讀書的機會了。」

他常常提起少時在一家生菓舖當學徒。有一次，四川有位師長范紹曾在國際飯店宴客，吃到終了，侍者端上了一碟生梨，大家在談笑之間，都怪洋刀太鈍，削皮不易。惟有杜氏在片刻之間，把生梨的皮削去，晶瑩光滑，范師長見到他這般削梨技術大加稱道，杜氏卻坦白的告訴范說：「我本是這一行出身」，范聽後不敢讚一詞。

杜氏出身寒微，對窮苦人的生活很瞭解，所以他後來處理一切大小事宜，都是偏袒窮人方面，勞苦階級的人對他的印象特別好。

他常說：「不識字可以做人，不懂事理不能做人。」他對任何事情的處置，另有一套。凡是辦一件事，先決定上策如何？中策如何？下策如何？三點決定後，還要考慮這件事的後果如何。所謂後果，即是有無反應或副作用。好會好到如何地步？壞會壞到如何程度？所以他發一言而能了事，但是不輕發言，言必有中。

他往往先聽別人講話，自己默不出聲，等到別人講完，他已定下了決策，無非是說：「好格，閒話一句」，或者是說：「格件事，不能這樣做」，他的判斷力極強，說過之後，從來不會變更的。

杜氏所受的教育，照我的觀察，是得力於聽書。所謂「聽書」，是江南人喜愛的一種消閒娛樂，由彈詞家或評話家連續彈唱講述的，如《岳傳》、《水滸傳》、《七俠五義》、《三國》等，所以他對戲劇演出極感興趣。他自身的出發點，也是從桃園三結義開始的，足見小說不但感人極深，實在也是一種社會教育。

尊敬文人禮賢下士

我初識杜氏時，他並無秘書或書記之類，只有一個賬房先生。這時來往的人，絕無一個文人，所以我去之後，他表示很歡迎，總是和我談談社會新聞，問我：「報紙上是哪能講法？」我非但把報上的新聞講給他聽，還對若干事情的來龍去脈加以分析，他聽了很是高興。因為當時他接觸的許多人，都是工商界人士，不久後有一位劉春圃常去，劉是在警察廳當司法科長的，能說，能寫，杜先生奉為上賓，好些文書往來，就由劉春圃代為執筆。其後，有一位任職紹興安昌鎮警局長翁佐青，卸職後賦閒在上海，由張某介紹當了杜氏的秘書。從這時起，杜宅才有文房四寶和寫字枱的設備。

翁佐青做了很多年後，又陸續延攬了好幾位精通文墨的秘書，都是寫作俱佳的。外間傳言「六君子」之一楊度，是他的秘書，其實楊不過是杜宅中一名清客，相貌枯瘦，杜氏不大喜歡他的；至於章士釗，也不是他的秘書，其地位近於謀臣策士一流。

天大糾紛閒話一句

此後出入杜家的人，越來越興旺，我因醫務稍有成就，比較少去。一天，因有一家第一流的藥材舖叫作「童涵春堂藥號」，發生勞資糾紛，杜氏來電話，要我到他家去，我到了他的煙榻上，他給我兩封信：一封是資方俞佐廷的信，一封是勞方職工的信，他只說這件事你去辦一辦，辦到雙方協議時，由我出面解決。

正在這時，突然有三個人踉踉蹌蹌的走到杜氏煙榻邊，三人年齡都很大，未曾開口先跪了下來，杜氏看見這般情形。為之駭然。連忙說：「起來起來。」這三個人原來是鄭正秋、張石川、周劍雲，那是當時明星影片公司的三巨頭。他一見鄭正秋，竟高聲叫：「四爺叔，啥事體？介緊張？有閒話儘管講。」接著周劍雲就說：「我們明星公司，千辛萬苦花了最大的資本到北平去拍了一部《啼笑因緣》，誰知道顧無為不聲不響的向法院遞了一張十萬元提供擔保狀，說是：他拍《啼笑因緣》在先，要禁止我們的《啼笑因緣》，今天剛在南京大戲院上映，忽由執達吏到來加以扣押。這件事，只能請杜先生出來解決，否則我們公司要宣告破產了！」

杜氏很輕鬆的說：「不要緊！不要緊！」一面拉著鄭正秋說：「先吸兩筒煙，平平氣。」接著張石川說：「如果我們拿出二十萬元，本來就可以提供擔保放映的，可是要是對方也跟著再加倍，那麼事情就永無了結啦！」杜氏明知顧無為是沒錢的，就問張石川說：「背景是不是某人？」張石川頻頻點頭，杜氏當即提起電話打給這人說：「鄭洽記四小開親自來磕頭，儂阿好讓一步路撥伊走走？」對方聽到電話之後，也只說了三五句話，事情便解決了，由顧無為自動到法院取銷控案，影片扣押的事也就撤銷了，這件事情是我親眼目睹的。

其實，這件事情在報紙上已鬧了幾個月，雙方延請律師互相登報責難，鬧得滿城風雨，可是最後只經杜氏一個電話就解決了。據說顧無為後來拿到一筆錢，但是付了律師費廣告費之外，恰好一無所餘。

事情解決之後，明星公司雖然挽回了破產的危機，實際上杜氏暗中貼了一筆錢，但絕不讓鄭正秋等三人知道，這是杜氏的一貫作風。

事後，鄭正秋預備好一筆禮，親自到杜府拜謝，恰巧此日，我又在杜家。杜氏一看面色就料到他們的來意，先開口說：「你們阿是來送禮的？」三個人訥訥不敢出聲，杜先生說：「倘然你們要送禮的話，以後明星公司任何事情，我再也不管了。」正秋知道杜氏脾氣，默不出聲，在煙榻上談了半天上海時事。一方面對石川、劍雲兩人，伸出一個大拇指，屈了三屈，暗示拜杜氏為師，周劍雲早已預備了三張門生帖，就在談笑之間，三人突然向杜氏三鞠躬為禮，高呼「老夫子」，杜氏堅決不肯答應，說：「正秋四爺叔，年齡比我高，輩分比我大，哪裡擔當得起？」三個人又說：「如果杜先生不答應，我們決不離開。」杜氏在無可奈何之下，只好連說幾個「好，好，好」，就算了卻這一件轟動全上海的大新聞。

杜氏要我經手辦理的童涵春堂藥號的事件，我一經調查，資方俞佐廷是上海總商會會長，花了五十五萬元，接盤童涵春國藥號，店是老店，但是藥舖中人，上下舞弊，積習成風，俞氏派了一個老年可靠的親信宋輔臣擔任總經理，到任之後，宋氏暗中調查職工舞弊的事。一天，有一位張姓夥計，送出一料「膏滋藥」，他一查賬上，並無這一筆交易，即刻通知保人，決意要開除這個職員，那知道這個職員片刻間帶了一個人來，這人自稱是郁良心堂藥號的職工，說這料藥是郁良心堂煎製的，他因沒有時間，所以託張君代送，根本與童涵春無關。此人的話剛說完，張姓職工即伸出巨靈之掌，重重的摑了宋輔臣四下耳光，宋氏當堂氣得話都說不出一句，同時全體職工騷動起來，一致支持張姓職工，幾十人立刻把宋輔臣抬出店外，放在街邊地上。聲稱：「如果你明天再來，全體要打你」，宋氏懊喪之餘，只好哭訴於俞佐庭，於是俞佐庭就懇求杜氏，代為薦派經理，解決此事。

我和童涵春堂的舊人都很熱，我就說明我是代表杜先生來解決這件事的，起初勞方提出許多條件，都是不近人情的，最後要宋輔臣焚香點燭叩頭道歉，我說：「這也是不公平的，要是杜先生出面派一個經理來，大刀濶斧，秉公澈查，你們大家未必個個是清白的。至於張姓職工也一定會開除的。」全體職工聽我這話，當堂緩和下來，他們祇要求全體去見一見杜先生，當著杜先生面前和宋輔臣握手言和，因為許多職工只聞杜先生之名，從未見過他一面，所以他們認為能與杜先生見一面，是無上光榮的事，我就答應他們的要求，然後把情況回覆了杜氏，杜氏當場就打電話給俞佐廷，俞佐廷回說：「這樣解決再好也沒有了，我明天送上四桌酒席，借杜府上大廳，宴請全體職工和宋輔臣，雙方面就握手言和。」杜先生連說了幾個「好，好，好」。次日晚上，童涵春全體職工，個個都理了髮，換上新衣出席，還帶了松石軒照相館的一位攝影師，同來攝影留念。杜先生只從內室走到大廳，話都沒說一句，大家已歡聲雷動，請杜先生坐在正中拍一張照片。影相之後，杜氏即因另有酬酢，匆匆外出，這一晚大家盡歡而散。宋輔臣事後對我說：「他那天受了四記耳光，當晚他就想自殺，哪裡想得到有這般的圓滿解決？」從此宋氏在該店任職了十二年。

上海的大小糾紛，都是類此方式，由杜氏出面，事情都化險為夷，得到和平解決。

三言兩語平息工潮

當年上海的法租界，法國人認為是殖民地，不承認是租界，所以隸屬於法國殖民部之下，所有官員執行著上一世紀的殖民地政策，對法租界居民，處處用高壓手段，對待公務員也極苛刻。法租界的水和電，是由「法商水電公司」專利經營，職工的薪水極低，大約每月薪金只有銀元八元至十元。

民國十八年，法租界的水電廠，職工突然罷工，一時全法租界無水無電，僵持十多日，垃圾工人也響應罷工，法租界當局毫無應付辦法，但是不肯低頭，在急得沒有辦法的時候，由法工董局派人請杜氏出來調解。杜先生說：「我資格不夠，你們還是去請比我聲望高的人來辦吧！」其實杜氏早已料到，越早插手，事情越難辦，要拖到法國人支持不住的時候，他才能輕易的解決這件糾紛。

恰巧這時，有一艘法國大郵船，抵達法租界外灘，全體搬運工人也袖手旁觀的罷工，原來這艘大郵船上載來一位外交大員，在不得已的情形下，只能利用救生艇上岸。

這位外交大員上岸之後，見到街燈全無，汽車過處，一陣陣垃圾臭味迎風吹來，在車中法公董局首長黯然無語，這位外交大員便大肆申斥，次晨拜會吳鐵城市長，挽請出面調解，吳市長欣然接受。

吳市長認為萬一由他出面調解不成，有失身分，想來想去只有杜氏可以了結這件事情，於是就派一位陳景儀拿了市長的名刺去見杜氏，說明這件事由中國人來料理，可以給法租界當局一個教訓。

陳景儀不但與杜氏交誼很深，杜氏也認為時機已到了成熟階段，於是打電話給法租界當局首長，約集法商水電公司經理，先行商討。杜氏提出：「所有工人薪金一律要加一倍。」水電廠經理期期以為不可，講到最後加薪百份之七十五，但是法商方面堅持罷工期間薪金不發，否則，日後他們隨時罷工，會無法遏止的。杜氏說：「好！就這樣辦吧！」

接著杜氏召集罷工領袖，有水電工人領袖、垃圾工人領袖、碼頭工人領袖，由他具柬在

「三和樓」大排筵席，先叫陳景儀和工人開會，任由工人提出條件，有些只要求加薪百分之三十，有些要加百分之四十，有些要加百分之五十，罷工期間工資照給。陳景儀就用電話通知杜氏，事情已可迎刃而解，請他親自出馬。杜氏收了電話，立刻趕到，含笑到場向代表們打了一個招呼，全場掌聲雷動。杜氏一開口，全場又寂靜無聲。第一句話：「你們要求的工鈿太少，我已替你們講好加百分之七十五，你們滿意哦？」全場高呼「滿意」。第二句話：「罷工期間的工鈿不給，你們服從哦？」大家高聲說：「算了，算了。」只有一個人站起來說話，振振有詞的說：「這一點不能同意。」杜氏說：「我已經答應了資方了，不能變更，那麼罷工期間工資，由我來貼。」大家聽了，又是一陣掌聲。豈知那位工人立出來說：「我要公司拿出來才接受，杜先生個人拿出來，誓不接受。」杜氏極迅速接著就說：「大家的損失由我貼，你的一份我負責叫公司會計處照付給你。」說罷之後，就倒了一杯酒，舉起杯子向大家說：「我祝賀你們勝利，也是中國人勝利，希望大家明日一清早就上工。」大家鼓掌如雷，高呼「照辦」。杜先生乾了一杯酒就走。一場連續幾個月的大工潮，就此結束。從此杜先生的威望，震驚全滬。

一片丹心協助國稅

國民政府成立不久，宋子文當財政部長，發行二五庫券，到上海宴請工商界領袖，由秘書唐腴廬開名單，宋子文看了之後，刪除四個人，其中一個就是杜氏，唐腴廬力爭不可，宋子文勉強答應下來，結果全上海工商界所認的數目，杜氏居第一名，認銷總數達四分之一，宋子文見到這般成績，大為吃驚，親自到杜宅道謝。杜氏只能說浦東國語，而宋氏只會說英文和廣東話，兩人談話，往往答非所問，問非所答。唐腴廬從中傳話，說出財政部的稅收，不及租界，而以香菸稅一項數字最大，要杜先生設法協助。杜氏說：「我是中國人，應該出力。」宋子文還認為他是敷衍性質，隨便說說，稱謝而別。

過了三個月，有一家最大的外商菸草公司，在上海黃浦江對面浦東設廠，地屬華界，這家菸廠有工人八千名，高高的紅牆，四週圍起來，好像一座城堡一般，自辦警衛，自設水電，不納地稅，不繳差餉，廠址沿據黃浦江，所產菸枝，自己用船隻運出，所以當地的中國政府機構，對這家工廠，一些辦法都沒有。

忽然有一天，這家外商菸草公司八千工人宣布罷工，菸廠當局態度強硬，關起廠門，一概置之不理。照菸廠當局的估計，只要罷工兩個月，工人生活無著，全浦東有八千家戶口不能生活，到時便會復工，所以態度硬得很。

浦東是杜先生出身之地，罷工到一個月之後，工人經濟上已頂不住了，浦東紳商紛紛請杜氏出面調解，杜氏認為時機尚未成熟，對工人除了加薪之外，還要工會打電報呈請財政部，要求「洋商香菸輸出租界一步，一定要納稅」，當然，工人各為自己，也不明白杜氏的用意。一面杜氏面告唐腴廬，要財政部下令火車、輪船、長江線各碼頭，立刻停止裝運不完稅的香菸，宋子文得到了這個請求，才明白杜先生的用意，一一如命照辦。

外商菸廠初時只估計到工人生活維持不了多久，但是一牽入政治，他們就急起來了，公司董事會推出一個華人董事廣告畫家胡伯翔來想辦法，胡伯翔想到非杜氏一言不能解決，又請陳景儀陪同前往會面，杜氏說：「工潮的事，容易解決，如果納稅一項，外國人不答應，那麼工潮就永遠弄不好。」外商菸廠內憂於工人罷工，外患於全國禁銷，陷在窘境中，大約又僵持了一個月，不得不完全答應兩項條件，工潮就此解決，國民政府的駐廠稅收人員、也就從全體工人復工之日起，進駐該廠辦公。

杜先生的行為，愛大眾，愛國家，處處是這般方式，氣概豪邁，行俠仗義，風頭之勁，當然為世人所折服，於是聲譽雀起，名震全國。

恤孤憐貧雨露遍施

某次，杜氏得政府當局授予「少將銜」，杜氏很高興的接受。特地由軍裝店定做一套軍服，到賈而業路去晉謁政府某顯要，領取證明書及證章。回來時在國際飯店附近光藝照相館拍了一張相片，這張照片幅度不大，後來就懸掛在他的大餐間中。

光藝照相館，拍了這張照片之後，送登《申報》、《新聞報》，因為杜氏輕易不肯拍照，很少有他照片登在報上，但登出之後，他也不以為忤。

不料幾年之後，上海有一種所謂「滑稽戲」，最著名的有裴揚、華程笑亭演出的「小山東到上海」一劇，裴揚華演的是小山東，程笑亭演的是浦東「陶巡長」，出場時巡長穿著警察制服，與報上登的那張軍裝照片，大同小異。在台上一開口完全是浦東國語，講的話句句都像杜氏口吻，聽者無不大笑，這齣戲頭本、二本、三本越演越旺，轟動整個上海。

有一天杜氏的隨從人員向杜氏晉言：「小山東到上海，影射杜先生，我們實在看不順眼，想去搗亂一下。」杜氏睜大了眼睛說：「大家浦東人，有飯大家吃，哪能可以？後天晚上我家請客，就叫裴揚、華程笑亭到我屋裡演『小山東到上海』，而且儂要好好叫告訴伊啦，決不難為伊拉，要是有一點點難為伊啦，我就不叫杜月笙」，隨從人員領命而去。

一經接洽，程笑亭面如土色說：「我陶巡長明朝起可以勿做，堂會希望作罷。」接洽的人見他怕事，反而說了許多好話，擔保決不會難為他。到了那晚，程笑亭登場了，一出台一開口，座客大家都不敢笑。程笑亭手足震顫，聲音低啞，杜先生見到程笑亭這般尷尬情形，立即吩咐從人到後台致意，明知程笑亭膽怯，於是他就首先領導鼓掌，大家也就跟著一陣如雷的掌聲，程笑亭精神為之一振，自此他便妙語如珠，依著平時杜氏的口吻，大家笑到前仰後倒，杜氏更是笑個不止，最後，重賞而散。

杜氏對劇藝界中人，常加照顧，有一天晚餐時，叫王旡能堂會，王旡能是上海所謂「獨腳戲」的前輩，嗜好極深，但是在台上精神充沛，演出時和他搭檔的錢旡量，問他你今天的精神何以這般好呢？王旡能說：「吃飽了來的，畢生別的東西他吃得不多，但是珠羅紗帳子已經吃掉十八頂了！」錢旡量又問：「此話怎講？」王旡能答：「吸鴉片時，煙斗之下要襯一小方『珠羅紗』，吃煙的人叫作『斗腳紗』，本來這種珠羅紗是做蚊帳的，我一小方一小方剪下來，已剪掉了十八頂蚊帳。」此語一出，聽者恍然大悟，繼以狂笑，杜氏亦為之大悅。

王旡能在堂會上又說：「近年身體大壞，恐不久於人世，將來我的後事，只好靠杜先生了。」聽者以為這是笑話，杜氏卻用食指點了下自己的口，接著又用食指對台上一指，意思就是「閒話一句」，王旡能會意，格外賣力，滑稽笑料，層出不窮。

過了六個月，王旡能果然一命嗚呼，身後蕭條，一身之外，別無長物。錢旡量一早九點鐘趕到杜宅，恰巧杜氏住在辣斐德路辣斐別墅，直到下午兩點鐘才回到杜宅。一見錢旡量愁容滿面，就說：「阿是王旡能……？」錢旡量點頭稱是，杜氏即刻從衣袋裡掏出一張莊票，面額很大，錢旡量道謝而去。走到門口，對門房說：「杜先生真是閒話一句，連兩句都沒有，我等候了六小時，但解決這件事，不過六秒鐘。」

杜氏不僅是對劇藝界中人如此，對鰥寡孤獨，都有一種特別的處置，早年對浦東一些寡婦每人發一個「摺子」，每月可向他的賬房領月帖七元（相等於那時兩擔米價）後來被照顧的人，更不限於寡婦，不少隱貧也有不同數字的補助，「摺子」究竟發出多少，誰也不知道。凡是領摺子的人不幸死亡，名為「還摺」，還摺時另贈葬殮費一百元。

有一天，客堂裡擠滿了憑摺領錢的人，其中有一個人呶呶不休，要親見杜氏叩一個響頭，那時恰好杜氏身穿夏布衫褲，在客廳一角搖扇觀望，一班被救濟的人都不認識他，杜氏也不自我介紹，只對那人說：「杜先生不喜叩頭跪拜一套的。」說罷，施施然離去。一家人暗暗發笑。

還有許多清寒的前輩和文人，他用另外一個方式調劑，每月派人送去固定的銀數，經年累月，從不脫期。

門生通及全國各地

民國十八年間，杜氏聲譽鵲起，威名遠震，無數人轉輾設法要想立雪程門，範圍遍及軍政工商各界，杜氏特別重視文職人員，凡投帖者，一律稱作「學生」，學生對杜氏，一律稱作先生或「老夫子」。

杜氏接受門生帖時，儀式簡單，行禮時規定三鞠躬，不許下跪叩頭。門生究竟有多少，向無統計，約略估計至少有二千人。

何以有這樣多人投拜杜氏做他的門生呢？以我的觀察有幾點：

一種人因為受不了當時上海惡劣環境的壓迫所以要投拜杜氏為師作護身符，這種人都是安份守己的，居最多數。一種因當時上海綁票之風極盛，每月必有一二人被綁，多的時候，每月竟達十數人，於是好多人都投拜杜氏，這種人家私百萬的富商巨賈不在少數。一經拜師之後，綁票匪便不敢下手了。一種是工商界中人，為了想擴展業務，避免糾葛，紛紛投拜杜氏門下，而門生與門生之間，產生濃厚情誼，對事業有莫大的幫助，所以這一類人數字極高。一種是當時上海的商業團體，凡是理事或理事長，差不多都是杜氏的門生，叫作「理字頭人物」。

一類是劇藝界中的佼佼者，為了怕人搗蛋，有損伶譽，於是都向杜氏投帖，特別是京劇界中人，往往不遠千里而來投杜氏之門，如杜氏接受了這人，都認為是畢生之光。

杜氏門生之中，數字較少而地位較高的，就是軍政界人士，所謂軍不限於陸軍，海軍，空軍都有；所謂政，是遍及政府各部門。

一類是工人階級，多數是工會中的領袖，所以逢到工潮發生，勞資雙方都要請杜氏解決，除非杜氏不答允，答應到，「閒話一句」，什麼都解決了。

杜氏對收門生，考慮最多的，一種是武夫，一種是二世祖，他怕這般人攪風攪雨的行動會妨礙到他的聲譽，所以杜氏門下以這班人為最少。這些情況，在當時上海幾乎蔚為風氣。有一位二世祖周孝伯大律師，曾經和當時紅極一時的女明星張織雲結婚，結婚之前簽過一個極苛刻的婚約，訂明男方如果拋棄女方賠償多少損失，而數字之大是周孝伯絕對不勝負擔的，不幸結婚三月，雙方便鬧翻了，女方要他履行婚約，周孝伯囊無餘資，哪裡拿得出來，糾葛鬧到杜宅，張織雲振振有詞，杜氏只說：「周孝伯是嘸沒銅鈿格，官司打到底，也是嘸沒結果的，還是我來罷。」當時即掏出兩張莊票，面額不大，張織雲只好勉強接受把婚約撕了，杜氏同時關照書記，把周孝伯的門生帖取出，當堂撕了，周孝伯廢然而去。

另外一件事，是當時上海郵務工人會有十個人投拜杜氏，這十個人的門生帖子是我寫的，寫的地方是在大中華旅店，這十人之中，有陸京士、朱學範、張克昌等三位，這三位都是大家耳熟能詳的。後來卻分道揚鑣，張克昌投汪政權，朱學範堅留大陸，陸京士追隨杜氏，矢志不移。杜氏對朱、張兩人的離去，百般勸阻無效，認為是一件憾事，但得一陸京士認為是他生平最得意的事。

一件是上海漁市場的主任唐纘之告訴我的，抗戰時期，杜氏擔任賑務委員會委員長，民國三十一年十月到西北去巡視，經過內江過自流井到成都，夾道歡迎的有數萬人，因為以往西北兩次旱災，均得杜氏捐輸鉅款予以救濟，所以西北的人對他表示熱烈歡迎。投門生帖的近二千人，杜氏堅拒，且因哮喘劇發，說話不便，由四川省主席張群（岳軍）替他審核名單，杜氏在不得已的情況下，便收了一千五百名門生。

到了寶雞，又備受歡迎，酬應繁多，杜氏又接受了五百多個門生的帖子，接著他轉到洛陽，靜悄悄的回到重慶。

照我的觀察和統計，杜氏的門生，上海約有二千人，各省各地約有三、四千人。

後來，門生間在上海組織了一個「恆社」，取「如月之恆」的意思，組織極嚴格，會員近五百餘人。

杜氏對浦東鄉親極為關切，所以在愛多亞路建築一座浦東同鄉會，大廈巍峨，樓高七層，他還想造一座恆社大樓，在霞飛路近善鍾路處預備了十四畝地，可是這幅地上搭著木屋幾百間，杜氏不忍加以逼遷。另有一個門生願獻出一座新建大住宅，供恆社作為永久會所，他也沒有接受。

自始至終支持抗戰

某年長江大水災，災區遼闊，無家可歸者百數十萬人，上海的最大慈善機關叫作「仁濟善堂」，其地位相等於此間東華三院，發出救濟呼籲，初時捐款的人不過一千二千，杜氏見報認為杯水車薪，無濟於事，於是就自己開出名單，設宴六席，出席的都是當時上海的富商，而且他都代他們作過種種服務。他就在席間提出要大家踴躍大量捐款，以示倡導，各人紛紛捐款，當堂募集到七萬五千元，杜氏自己再捐出二萬五千元，湊足十萬元送出。

這一次的事，報紙鄭重登出，大家都讚嘆不置，此後仁濟堂的捐款數字，就大大的增加起來。當時仁濟堂主席是朱慶瀾（子橋）將軍，他見杜氏這般熱心，要他當董事，他堅決不就，只說：「有事我都幫忙」六個字。

歷年各種各式的捐款，我也記不清，寫不盡，只記得有一位最早的抗日英雄馬占山將軍，在山海關外黑龍江嫩江橋和日本人打了一次硬仗，日軍著實死了不少人。消息傳到上海，杜氏立刻匯款十萬元給馬將軍及其部屬作為犒賞。同時杜氏有一個學生，叫做孫桐崗（孫桐萱昆仲行），是空軍學校畢業，也參與作戰集團，頗有功跡，杜氏擬贈他十萬元，孫桐崗堅不肯受。這兩件事，時間相隔很近，報紙上登載出來之後，大家奔走相告，可惜後來馬占山變節，而孫桐崗則將十萬元，建議捐獻給國家，後來杜氏就個人奉獻飛機兩架給政府，一架叫「月華號」，一架叫「月輝號」，開國民獻機的先河。

「一二八」炮聲一起，杜氏領導全上海工商機關組職抗敵後援會，支持抗戰，當時十九路軍在閘北英勇應戰，只因十九路軍從南方調來，副食什物給養不充足，杜氏連夜召集會議指揮一切，同時關照各電台廣播呼籲市民捐獻，只要電台上說要什麼？市民就捐獻什麼！東西堆積如山，杜氏闢出福煦路一八一號巨廈，作為臨時堆棧。

本來一八一號大廈連雲，佔地二十餘畝。心想足夠堆置，不料各方送來的東西，排山倒海而來，竟然把二十畝地都堆得滿滿，其中還有卡車一百數十輛，同時還有許多司機自動義務日夜不斷的把貨物繞道送在前線。

有一天，杜氏與若干名流，乘車繞道到十九路軍後方，親自慰勞各軍長，這事對士氣有極大的鼓舞，他會見蔡軍長，蔡氏說：「你們送來的藥品西瓜以及香菸毛巾牙刷等，我們已分配給各士兵，現在只缺乏通訊用的電話機電線以及電話總機，希望你幫忙。」杜氏即拍胸回答說：「由我負責明天送到。」杜氏等又碰到一位張軍長，他是有名的鐵漢，他說：「你們送來的東西，真是多到用不完，不要再送來了。」杜氏當堂告訴他：「明天我們還要送一輛裝甲車給你，你的吉普車實在不夠防禦。」張氏初時推卻，後來也欣然接受。

杜氏歸去之後，一打聽，電話器材不是隨便買得到的，當晚就把自己的事業中匯銀行電話總機拆掉，並分電十個人負責各人捐獻電話機及電線，次晨即刻送去。此事震動一時。德商洋行買辦楊志雲想到倉庫中有一座軍用電話機，他也響應杜氏義舉，獻給十九路軍，杜氏就連同裝甲車送往前線，以供急需。

八一三事件結束之後，市場恢復舊觀，中國人與日本人也漸漸稍有往來，日本方面派出日軍軍令部長永野修身遊說杜氏，要他組設「中國建設銀公司」，資本三十萬元，以百分之五十一贈與杜氏，杜氏毅然謝絕，日本人想盡辦法，勸其應允。日本人駐滬商會會長船井辰一郎保證只談生意，不談政治，杜氏終不為所動。

在「八一三」中日之戰正式開始之前，日本松井大將及土肥原賢二，均往杜宅拜謁，杜氏托病不見，日人恨之刺骨，所以中日之戰開始之後，杜氏就急速離開上海。

祠堂落成盛況空前

杜氏盛時，念念不忘要想發展他家鄉高橋的繁榮，那時市政府正擬辦黃浦江渡輪，以外灘為起點，先建了一座水上飯店作為總站，另有新型渡輪六艘，從外灘開行，經東溝等站，而以高橋為終點。這消息傳到杜氏耳中，當即推介譚伯羽主持其事，擬定一切均自籌自給，並且在高橋設海濱浴場，經杜氏策劃贊助，卒底於成。

高橋有了渡輪之後，交通方便，市況熱鬧，杜氏就決定在他的出生地建造一座祠堂，並且附設一所高橋小學，以及高橋圖書館。

杜祠所佔之地，不過兩畝，但是落成之日，四鄉男女老幼都要來參拜，杜氏聽到這個消息，決計不問鄉人送禮與否，大宴三日，估計四鄉來賀來吃的人，在二十萬以上，於是就將杜祠四圍空地填平，初填二十畝，後來因為上海有人發起，邀請全國名伶，到杜祠演劇三天，北京天津的名伶龔雲甫、李吉瑞、楊小樓、譚小培、王又宸、言菊朋、馬連良和四大名旦，都自動要求參加演出，消息傳出，全上海的人們轟動了起來，識與不識的人都紛紛送禮，希望能獲得一張座券，因此杜氏在短期之間，又填地二十畝，搭蓋棚廠，並設戲台，演劇三天。看到這三天戲的人，都認為是畢生幸事。

這麼一來，因此，原有渡輪六艘就不敷應用，臨時借用小型輪船十艘往來載客，又向全上海友好借小型汽車一百二十輛接送來賓，該日除由當地軍警維持秩序外，還有閘北保衛團出動團員二千人參加保衛，所以，情況雖熱鬧到極點，而秩序井然。

杜氏親自款待嘉賓，到賀者除南京各首長外，上海市市長及各局局長，以及各國領事暨紳商都到齊。

最有趣的就是一個佔地數畝的餐廳，自朝至暮，每隔一小時，開筵百餘席，名為「流水席」，而最熱鬧的，是在半夜散戲之後，一直要吃到大天光，好多人為了要看三天的名劇，都沒有好好的睡過一覺，這般盛況，可以說是上海向所未見的。

斥資興建正始中學

九十年前，浦東有一個泥水工人叫楊斯盛，晚年積資甚豐，他深恨自己不識字，因此聯想到浦東有不少兒童未曾入學，於是他撥地十餘畝，捐資十萬兩，在浦東六里橋興建了一所「浦東中學」，附設小學兩所，一所在浦東，一所在南市馬家廠，成為當時浦東第一個捐資興學的名人，杜氏對他極為敬仰。

浦東中學校務，被黃炎培（任之）等霸持，黃氏也是浦東人，喜歡攬政治，因此浦東中學經費，每年不敷甚鉅。楊斯盛逝世之後，每年不敷的經費，均由杜氏負責彌補，因此被推為董事長，黃炎培依然需索如故，杜氏仍如數照給，鄉人嘗向杜氏訴說：「黃炎培任用私人，揮霍無度，毫無建樹。」杜氏一笑置之。

某年，陳群（人鶴）勸杜氏自建一大規模中學，杜氏鑒於自己年幼失學，為之心動，就在上海西區法華鎮，闢地三十畝，興建校舍十數座，開辦正始中學，就由陳群當校長，學生大多數是免費的，少數雖收學費，數目亦收得甚微。

正始中學共有學額六千名，但陳群並無辦學經驗，開學之後，不但學生不多，而且程度參差不齊，杜氏大感失望，陳群束手無策，而杜氏又不願就商於黃炎培。一天，我和杜氏閒聊，他問我：「正始多屬免費，何以學生不多？」我說：「辦學校不是一件容易事，每一間學校，缺不了一個主幹的人才，譬如南洋中學主幹是王培蓀，南洋模範主幹是沈同一，民立中學是蘇穎傑和陸澹盦，他們都是具有辦學的才幹。陳群不是教育界，當然不懂得處理。」杜氏聽了，頻頻頷首。接著我又告訴他：「民立中學，一山不能容二虎，陸澹盦頗想離去，大可以羅致過來。」杜氏連忙說：「好極了，好極了，你去約他來見我。」

我幼時也曾在民立中學唸過書，陸澹盦教我國文，對我印象頗好，一經我邀約，他考慮了三天之後，和我一同去見杜氏。

澹盦先生本來是一們文藝家，寫得一手好字，他預先寫好兩把扇面，到了杜宅，一件送給杜氏，一件送給陳群，陳群對書畫鑒賞力極高，看了陸澹盦寫的字，讚不絕口。杜氏對陳群說：「陸先生是辦學校的專家，何不請他來幫你的忙？」陳群一口答應，並且說：「陸澹盦辦民立中學是有名的，希望陸先生能屈就正始中學總務主任。」陸氏當即應允，不過，提出了兩個條件：各科教師，要全部由他延攬；學生入學必須經過嚴格考試，不及格者一律淘汰，連杜先生介紹的清貧子弟，也要經過考試，杜氏表示同意。

陸澹盦主持正始中學第二年，六千學位竟告全滿，杜氏大悅。

正始中學校舍寬大宏偉，單是大禮堂就為全滬各學校所不及，上海最初成立「市參議會」時，找不到一個適當的會場，終於假座正始中學大禮堂，開第一次參議會成立大會、每二位議員都有一桌二椅，不但地方十分整潔，而且禮堂中沒有一根柱，記憶中比香港大會堂餐廳還要大得多。停車場又是上海所稀見的，各國領事們都來參加，見了這麼大的中學校，覺得出乎意料。

六十華誕演劇誌慶

杜氏的生辰，是農曆七月十一日，每年逢到這天，杜氏皆不願稱慶，往往避壽他處，只約一位老友閒話滄桑，這是他的「年常舊規」。

抗戰勝利的那一年，杜氏由重慶歸來，不久，逢到他六十生辰，友好堅決要替他做壽稱慶，預先邀定全國名伶來滬演劇，上海的戲劇界也參加演出，到時假座中國大戲院連演名劇十天，由於座券不敷分配，每一台戲連演二晚，等於十天中，有五場不同的劇目，票價高至五十萬元一張，三樓票也要賣五萬元。杜氏的愛侶孟小冬，就在第五、第六晚，連演兩晚《搜孤救孤》，票款全部助賑。當時為了座券不敷分配，有不少軍警硬要進場看戲，幾乎鬧出事來，幸而有警備司令李及蘭在場，總算把所有風波平息下來。

一身並任百餘要職

杜氏全盛時代，上海凡是規模龐大的工商業機構，無不想盡辦法，延攬他當董事或是董事長，因為凡是大組織，環境上如發生糾葛的話，一定要有一個能緩和局勢的人物，那時在上海，只有杜氏一人最為相宜。

因此，杜氏在上海工商界的大機構中，擔任了七八十個董事長或董事。就我所知，報業為《申報》、《新聞報》、《大陸報》（西文）；銀行為交通銀行、中國銀行、中國通商銀行、中匯銀行；書局為大東書局，紗廠為恆大紗廠，交通機構為華商電車公司、大達輪航公司，學校為浦東中學、正始中學；此外棉織廠、鐵工廠、造紙廠、運輸公司，以及交易所，差不多都由他擔任董事長。只有若干官商合辦的機構才肯擔任董事。杜氏每年對工商界方面的收入，不要說是股份上的利益，單單車馬費就有很可觀的數字。至於公職更多，國大代表，前已說過，在上梅市參議會議長，經當選而不就，其他重要團體如全國船聯會等都是會長。

何以一個最初不識字的人，有這般威望呢？都是因為他處理人事問題，有特殊的方式，往往只用一句話，就可以解決了一個大組織的困難問題，好多公司召開董事會，都移樽就教到他家中去舉行，大抵小事他都不管，大事才請他出來說句話。

當時社會間的各式各樣的勢力很大，任何機構只要是由他擔任董事長的話，什麼事情都可煙消雲散，所以他成為上海百行百業眾望所歸的一個領袖人物。

一代豪俠與世永別

杜氏對處理一件事，他的意志極堅強，但是也有兩個極端相反的弱點，一件是對妻妾兒女的家事不善應付，常常為了家務鬧得大家不開心，舉一個例來說，他原本住在華格臬路，但是地方不大，氣派不夠，所以另外在杜美路、古拔路轉角造了一座很大的新式住宅，將要入伙時，家庭間鬧得不可開交，杜氏氣惱非常，又不敢向妻妾發洩，遷延又遷延，後來有一位風水先生來說，這個宅子，殺氣太重，住進去家中必多口舌，且有惡象隱伏，於是就在花園中另建一亭，用來鎮壓風水；但是亭子造成之後，家中反而越鬧越厲害，杜氏竟然束手無策，所以這座巨宅，空置了多年。直到抗戰開始，杜氏離滬，始終未進入這座新屋住過一宵。

還有一件事，就是他的疾病，最初患的是痰飲症（即慢性支氣管喘息），後來轉為哮喘症，我在民國十九年開始為他診視，我對他說：「這病只能治標，沒有根治的辦法。」他說：「中西醫不知看過多少，只有你肯說這句老實話。」但是他每次發病，總是急得不得了，好像危在旦夕一般，堅決的意志為病魔折磨殆盡了！

一九四九年五月二日，杜氏乘渣華公司最後一隻郵船寶樹雲號來港，住在堅尼地台二十號，陸姓建築商住屋中，杜氏的生活環境為之大變，而哮喘的發作更頻，除了喘病之外，還有嚴重的神經衰弱症象，他本來是意志極堅強的人，到這時意志也極度的薄弱，一天到晚疑神疑鬼，一時中西名醫畢集，有時一天要請幾個醫生，而且有兩位醫生，早、午、晚要連看三次；同時各種各式的迷信辦法也試過，終於在他六十四歲生辰的前一天與世永別。時為一九五一年八月七日。

六家要旨儒俠並論

這篇文字，我所寫的僅是以我所見的實況寫出，對耳聞之事提及較少，不足以傳述杜氏的生平全部事跡。

司馬遷寫《史記．遊俠列傳》，有一個很好的見解，說是「六家要旨，儒俠相並」，但是〈遊俠列傳〉中的人物，如朱家、郭解，不過是排難解紛。季布、季心，也不過是重諾守信，所以要是與杜氏來比較，那些遊俠就差得太遠了！

至於歷史上有名的富翁，如石崇、王愷，不過是自己生活豪奢，對社會對國家並無貢獻，更不足與杜氏相提並論了！

（選自《大人》第三期）

梅蘭芳生前死後

葦窗

梅蘭芳先生逝世迄今，已經十一年了，最近仍有讀者來函詢問關於梅蘭芳當年在香港演出情況的，但我那時也不在香港，因之在半月之間，先後訪問了曾請梅蘭芳在香港灌唱片的梁基浩先生、梅蘭芳在香港利舞台演出的戲院經理袁耀鴻先生以及好幾位和梅氏有關久居香港而且愛好戲劇的老友，綜台報導如後；另外要感謝的是名琴師馮鶴亭先生，他是第一次跟梅蘭芳劇團到香港來的成員之一，他提供給我的材料，就是一篇詳實的報導。

往來香港廣州

民國二十年春天，梅先生帶了他的劇團到廣州和香港兩地作巡迴演出，由南洋菸草公司主辦，一切戲目、說明書，都有該公司出品的香菸廣告，聽說全團包銀是港幣十五萬元，可謂豪舉。梅劇團登場，每客奉送一本戲目，另外贈送曲本一冊，包括全部唱詞，和後來的小戲考一樣。那時這種小本子很名貴，因為在從前戲班裡的劇本是不肯隨便給人的，也是梅先生以身作則最先的創舉，這倒是給了劇團中一班基本演員的一個好機會，大家在廣州、香港搜羅了這些本子回上海之後，許多名伶名票都願意出相當的代價搜購，每人可以賺些額外的收入；附圖的一冊《天女散花》就是四十年以前的印刷品，除了梅蘭芳主演的天女之外，還有朱桂芳演的花奴、王多壽演如來佛維摩居士、高連峰演小沙彌，李桐芳、呂硯琴演仙女，孫小山演文殊力士等。前場由張如庭演《珠簾寨》，金少山演《草橋關》。那時梅的劇團音樂組很講究，例如《天女散花》即分由二班場面奏樂，京戲部分由一位馬老先生打鼓，崑曲部分則由一位唐老先生打鼓，先京後崑。崑曲方面，另有一位吹笛，一位吹笙，京劇場面方面則由徐蘭沅先生獨擋一面；因為那次王少卿沒有來，由彈三絃的霍文元兼拉二胡；霍文元肚子很寬，梅劇團新戲中的插曲，都由他按譜。還有一位藝名瞎七的，名叫孫惠亭，專彈月琴，他是梅劇團音樂組的領導人，官稱場面頭，所有場面上的工作人員，全得聽他的話。彈月琴的人管的樂器很多，又得打鬧鈸，吹鎖吶，吹笛子，全有他的份，還要帶一把胡琴；要是琴師誤場，或是臨時胡琴絃線斷了，就要彈月琴的人接上去拉，這是戲班裡的規矩；彈三絃的不會拉胡琴無所謂；彈月琴的就非會操琴不可，還得能吹，才能坐上這彈月琴的位子。徐蘭沅六場通透，能打能拉，有戲德，有人向他請教，知無不言，言無不盡。就以梅劇團此次在香港演出來說，有一天派了金少山的《刺王僚》，這齣戲的花臉唱工繁重，西皮倒板原板轉二六快板，不容易拉，我（馮鶴亭自稱）那時候初旁角兒，雖然我是金三爺的私房琴師，但是從前戲班中規矩很大，稱為有王法的所在，要是沒有把握，決不敢上台伴奏，我也知道這齣戲不能胡來，只好搬兵求救，親自趕到德輔道中新亞酒店，把原因講給徐先生聽，請他當晚這齣《刺王僚》辛苦辛苦，幫一次忙。徐蘭沅一口答應，並且說：「我來給您說說，還是你上去拉，我在你旁邊站著。」我是說什麼也不敢上去，徐先生說：「那麼今天晚上我拉，您在旁邊聽著，下次再演，一定要你自己拉了。」我唯唯受教，連學帶聽，方才把這齣《刺王僚》學會。金少山那晚唱得痛快，完戲之後，誇獎於我；因那時梅劇團用紗幕遮住場面，台上演員看不見音樂人員。我說今天晚上的戲不是我拉的，是徐大爺拉的胡琴，金三爺說：「小馮，就憑你動得出這腦筋，搬出徐大爺來教你，你就是個有造化的。」

那次登台先在香港利舞台演出，再去廣州海珠戲院演唱，回來唱高陞戲院，再去廣州，回香港再在利舞台唱，被稱為利來利去。來回穗港，共唱六期四十二天，最高票價在香港賣港幣七元，在廣州賣國幣十元。那時廣州海珠戲院門前特別裝有擴音器，院內歌聲，全部播出，又有彩聲歡聲，戲院內客滿，戲院門外也擠滿了人，裡面叫好，外面也跟著拍手，正說得上是盛況空前。

在香港灌唱片

民國二十年，梅蘭芳來香港那一次，還在香港灌過四張唱片。這一家唱片公司，由本港紳商投資，定名為新樂風唱片公司，主其事者為李耀祥先生，李先生為本港紳士，也是李耀記東主；股東有當時高陞戲院主人呂維周先生和娛樂戲院總經理梁基浩先生等。那時的唱片還是七十八轉的，每面三分鐘，一共灌了四張八面，代價是每張港幣八千元，一共花了三萬二千元，這四張唱片的名稱如後：

一、《春燈謎》西皮慢板　兩面

二、《鳳還巢》快板（與姜妙香對唱）一面

《春燈謎》南梆子　一面

三、《三本太真外傳》四平調　一面

《二本西施》二六　一面

四、《四本太真外傳》反二黃倒板迴龍慢板兩面

姜妙香那次也為「新樂風」灌了一張唱片，唱的是《頭本太真外傳》中的西皮倒板和慢板。

演出期間軼聞

提起姜妙香的演戲認真，是梨園界所公認的，梅蘭芳在他的《舞台生活四十年》第二集裡提過：「有一次在香港演戲，我們住的是一個英國式的旅館，經理忽然跑上來見我，手裡拿著一封信說：『梅先生，這有一封本飯店旅客來的信，請你看看。』我接過來一看，是一個外國

人寫給飯店經理的，大意是說：『隔壁九號住的一位客人，大概是有神經病的，每天夜裡，聽他在房裡嘰哩咕嚕說不完的話，我是有心臟病的人，最好請他換一個房間，免得妨礙我的睡眠。』我看完了，就猜出是姜六爺又在那裡用功背詞兒了。我向經理這樣解釋說：『這是我們劇團裡對藝術最負責任的一任演員，他是在房裡溫習台詞，並沒有神經病，等我來告訴他，請他多多注意到隔壁的旅客是有心臟病的，不要妨礙別人的睡眠，以後放輕了唸就是了。』」這是姜妙香在香港的軼聞，還有一件笑話則出在金少山身上。

金少山的豪爽，在伶界中找不出第二個，這次他到香港，帶了兩個旁角，打鼓曾俊山，胡琴馮鶴亭。曾俊山外號曾狗，手裡很衝，一面班鼓，從上海帶到香港，被他打了三天就打破了，後來只能買一面廣東戲班裡的小鼓代替。金少山那次到香港演戲，他的包銀在未動身之前，老早就花掉了，到臨走時，再向後台經理辦事人借支。好在李春林、楊玉樓二位管事曉得他這一套，早就留著一筆錢準備給他用的。到了香港，又要借錢了，借得他自己也不好意思了，幸虧那齣《霸王別姬》實在叫座，逢演必滿。金老闆改變方法，每演《別姬》那天，便到各大百貨公司去溜一溜，看上了幾件零碎東西，好像打火機、煙盒、煙斗之類，叫公司送到梅劇團辦事處代為付款。李春林、楊玉樓準知道這一手，看在滿座份上，只能代他收下，貨款照付，晚上把東西交給他，彼此心照不宣。後來每逢演《別姬》這一天，準有東西送來，替他付款，經過多次之後，後台幾位辦事人討論下來，一定要拒收他一次，把貨退回去，以後可以免去這一套了。果然演《別姬》這天，金老闆在百貨公司看了一條羊毛毯子、羊毛背心，還有些糖果香菸，這次比平常貨款多出一二倍，梅劇團辦事人早有此心，又加東西特別多，自然更不收了，把貨退回去。金少山一到後台，就有人告以此事，他問都不問，照常上後台扮戲，而且那天特別冒上，大家覺得奇怪，不想演到一半，花樣就來了。項羽打敗仗回營，進帳悶悶不樂，虞姬備酒勸飲，項羽飲了幾盃有些困倦，虞姬唸大王身體困倦，且到帳中，歇息片刻如何？霸王唸妃子你要驚醒了，便進帳休息。虞姬接唱南梆子。怎知虞姬在台上唱南梆子之時，金少山叫伙計跟包快去關照李春林，金老闆頭痛發冷，上不去了，頂不住了，李春林一聽此言，魂飛天外，要是霸王不出場，這齣《別姬》怎麼下台？到底是老辦事，想起下午毯子退回去之事，即向金三爺連賠罪打招呼。金三爺今晚您怎麼也要唱，明天我去叫公司再把東西送來就是，萬事都衝我，以後什麼事由我負責，沒有錯兒。金少山說：「您有所不知，我這病都是受涼的關係，有了毯子，病就好了。」總算把這事解決，但前後台管事已經嚇得一身大汗了！

梅蘭芳、金少山合演的《霸王別姬》，轟動港穗，佛山也派人來接洽，請梅劇團到佛山去演唱二星期，一切條件都很優厚，正在接洽之時，上海杜祠落成，南北名伶大會串，急電促歸，佛山之行只能作罷，後台班底包銀，一律從寬付給，作為花紅，全體回上海過端午節。

梅蘭芳在香港最後一次登台，時在民國二十七年春末，據袁耀鴻先生回憶說：「當時梅劇團演出一切，都由馮六爺（耿光）包辦，連接洽戲院，都由馮六爺直接和戲院東主利孝和先生商談的。」

那次梅蘭芳在利舞台，一共演了十七天，前座最高票價為港幣五十元，其時已經駭人聽聞了！三天打泡戲第一晚是《西施》，這是馮耿光的主意，認為故事具有愛國意義，除了梅的西施以外，姜妙香演文種，劉連榮演吳王夫差，朱桂芳演旋波，倒第二是奚嘯伯的《打鼓罵曹》。第二晚是梅蘭芳、姜妙香的《奇雙會》，派戲的認為廣東戲中有《桂枝寫狀》，此戲可以比美。第三晚則是梅蘭芳、奚嘯伯的《紅鬃烈馬》。奚嘯伯是票友下海，他之所以能加入梅劇團，是由北方一位兒科名醫郭眉臣所介紹的，郭大夫與梅家很有淵源。奚嘯伯夫婦此次同來香港，他和銀行家費浩叔先生有戚誼，費先生還曾經特別招待過他。

最後一次來港

梅蘭芳最後一次來香港是在一九五六年夏天，經香港赴日本，住在摩星嶺道福利利墅。我和田象奎、吳熹升二位老友同去看他，晤談之餘，次晨又去送他的飛機，這是他最後一次來香港，等他們日本演罷，就直接飛回去，沒有在香港停留。附刊剪報說他可能在港表演，亦未能成為事實。

各地開會追悼

梅蘭芳以心肌梗塞症於一九六一年八月八日上午五時三十分在北京阜外醫院逝世，那時文革尚無跡象，正是生榮死哀，治喪委員會多至六十四人，由陳毅任主任委員，誠如馬連良後來來港時和我所說，梅大爺死得其時，反映馬連良之死於紅衛兵之亂，可謂死亦不得其時了！同月十四日，上海各界在藝術劇傷開追悼會。同月二十一日，港九各界也在普慶戲院追悼，發起者五十人，我以一聯輓之曰：「梅具耐寒姿，品格崇高堅貞節；蘭為王者香；藝術長春永流芳。」曹聚仁兄見而讚美之，並說我的輓聯做得比他的好，還採用了《貴妃醉酒》中的一句台詞「蘭為王者香」，當時他的輓聯和我的一聯並排懸掛，可惜沒有把它記下來，已不記得曹兄的輓聯是什麼詞句了！

逝世一周紀念

梅蘭芳逝世一周紀念，北京市文化局、北京市文學藝術工作者聯合會主辦了四場紀念演出，劇目如後：

八月八日

李玉芙（趙女）、孟俊泉（趙高）《宇宙鋒》

杜近芳（虞姬）、袁世海（霸王）《霸王別姬》

八月九日

楊秋玲（姜秋連）、夏永泉（李春發）《春秋配》

杜近芳（楊玉環）《貴妃醉酒》
梅葆玖（王寶釧）、譚富英（薛平貴）《大登殿》
曲素英（代戰公主）

八月十日

李玉芙（蘇三）《女起解》
梅葆玖（天女）《天女散花》
馬連良（劉彥昌）、張君秋（王桂英）《二堂捨子》

八月十日

夏永泉（楊宗保）、楊秋玲（穆桂英）、蕭潤增（楊六郎）《鎗挑穆天王》
梅葆玥（四郎）、梅葆玖（公主）《坐宮》
張君秋（蘇三）、姜妙香（王金龍）《玉堂春》

演出者馬連良、譚富英、姜妙香等都是梅生前老友。張君秋、杜近芳、楊秋玲、曲素英、李玉芙等都是梅門弟子。袁世海份屬後輩，蕭潤增是蕭長華之孫、周信芳弟子。孟俊泉是孟小冬之姪、裘盛戎弟子。這是梅逝世一周年的盛大演出，但自第二年起，即沒沒無聞至今，傳統戲目都不演了，雖欲紀念亦無法表現矣。

梅蘭芳生前，曾有集郵之癖，他逝世後，郵電部為之發行了《梅蘭芳舞台藝術》紀念郵票，全套八張，計為便裝四分、《遊園驚夢》八分、《抗金兵》八分、《霸王別姬》一角、

《穆桂英掛帥》二角、《天女散花》二角二分、《生死恨》三角、《宇宙鋒》五角，共計八種，梅蘭芳生前一定想不到他也會變成郵票上的人物，大約在我國名演員中成郵票人物者，也只得梅蘭芳一人而已！

梅家最近消息

自從文化大革命以後，香港的《大公報》等早已不再刊登國內演員消息，直至美國總統尼克遜訪問大陸後，方才發現在這次盛大宴會中，有四位京劇演員作了座上客，他們就是袁世海、杜近芳、譚元壽和浩亮。（麒派老生錢麟童子，原名錢浩亮，廢姓。）此後又從袁世海發表的文字中知道了譚富英、李少春，都在擔任導演工作，張君秋則專門在為後起研究腔調，因為男扮女的做法，已經行不通了！

本年七月十三日，香港《大公報》刊載，〈重訪舊友梅葆玖〉的特稿，這是很突然的，轉載如後：

……梅蘭芳先生葬於萬花山。梅氏名畹華，與「萬花」同音。一想到梅蘭芳先生，我就想到梅家。因家父與梅先生是莫逆之交，我在京讀書時，常出入於梅家，每星期總是去一趟，幾年如一日，受到梅先生夫婦照顧，與梅之子女亦交誼甚篤。這次回國到北京，應該到梅家拜訪，尤其是看看交如手足的九子（梅蘭芳第九子）梅葆玖。提到要去探望他們，心裡總是矛盾，因為在美國聽到很多關於梅家的傳聞，說梅家現在被「冷落」了，說梅葆玖被迫「自殺」了……，疑慮團團，使我止足不前。

到頤和園去遊覽，順路而過梅家舊址，心裡仍是忐忑不安，彷彿梅家大小如在眼前，但又不知他們現今有何遭遇，且種種傳說又未悉是真偽，既然到達門前，好歹也進去一趟，弄清是非。梅家原住在護國寺街甲一號，我進去一問，說已搬遷了，梅氏之四子葆琛住在附近，指引我去找到葆琛。他現在是建築部門當工程師，招呼我坐下，我們寒暄一陣，一掃眼一看，擺在廳裡有收音機、錄音機，這時我心裡想到的是葆玖最愛玩的收音機等電器，統統安放在葆琛家裡了，他真的死了？所以不提起玖子的事了。

我問紹武（梅之五子）好嗎？葆琛介紹說，他在北京圖書館工作，妻子在外交部工作，都很好，她前些時候從幹校回來度假又返去了。提起那個反串老生的葆玥（梅之七女），問我可記得她演《轅門斬子》唱老生的扮相，現在不唱老生了，改唱老旦，在北京京劇團演《沙家浜》沙奶奶。這次我看不到她，因為她到上海去度假，探望在上海的丈夫。

葆琛知我和玖子很熟，未見提及他，主動對我說，葆玖亦很好。我頓然一楞，他不是「死」了嗎，怎麼說他很好？這時我方知那是謠言。我們大家都大笑一場。葆琛具體地說，葆玖結婚了。他原是唱青衣的，文化大革命後改變了男唱女的做法，他不唱戲了，專職培養人才，在北京京劇團教學生，因為他有專門技能，又兼搞劇團裡的音響效果工作。我得知他住在乾面胡同三十號，那天正好是星期天，當晚劇團有演出，葆玖下午四時就要去劇團，我看看手錶已是三時了，立即溜去找他。

葆玖看到我這個突然而來的遠客，又驚又喜。我看到這個傳為「亡人」而今卻活在人間的摯友，高興得熱淚奪眶而出。我戲弄他說：「你不是死了嗎？」他莫名其妙。我將外面謠傳告訴他。他卻啼笑皆非，大笑地說：「我未死。」

看來他身體比以前更好了，文革後真是心廣體胖。他說現在胖得多了，經常要參加體育運動，否則胖下去不行呀！聽到這裡，我想起他和梅蘭芳先生合演「白蛇傳」時，他演的是「青兒」，我曾收到他倆的劇照，他伸出一隻纖纖「玉手」骨瘦如柴般，而今胖得判若二人了。他提到文革京劇的大改革，自己在運動中得到很大提高，認為京劇應當而且必須往現代革命京劇如《紅燈記》這條路走，為工農兵服務的方向，是唯一不移的道路。

我原定在北京兩天時間，這樣一來，葆玖留我多住兩天。他得到領導的同意，陪我兩天時間去遊覽長城、地下宮殿、故宮等地，並陪我去探望親友。

當然，我一定要去看看香媽（梅蘭芳先生之夫人福芝芳，這是我們對她的稱呼），香媽住在田簾子胡同的一座四合院子。她身體很好，生活得亦很好。她有心臟病，常有醫生照料，精神不錯。梅先生生前之秘書許姬傳常來梅家，姜妙香先生亦是梅家常客，我還能認得出梅先生家的傭人，住在附近，還在那裡照料香媽。

香媽說要替我洗塵，而且又是歡送我，特地要請我吃飯，請我到著名的菜館子「豐澤園」嘗嘗我平時喜愛的菜式。因為人多，一部小汽車不夠用，我要和葆玖坐公共汽車。香媽不肯，定要我坐她那輛「賓士」汽車（這輛汽車是梅先生生前專用）。當晚一頓豐富晚餐，五十元左右，是香媽請的客。這一些事實使我明白了，所謂「梅家被冷落」亦是謠言。事情很湊巧，梅蘭芳先生在抗戰期間，曾兩次被謠傳死訊。一次，當在上海的記者們到梅家採訪時，梅氏親自接見記者，等於最好的闢謠。而今，我在京都遊覽中，我和葆玖的會見，又正是「梅葆玖被逼自殺」的最好的闢謠見證。

上文就是本年七月十三日刊載在香港《大公報》的一段特稿，作者署名柳慈，筆錄者趙山，從文中可以知道若干梅家的近狀，特為照錄如上。

「四大名旦」的時代過去了，在「四大名旦」之後，還有過「四小名旦」。當年選舉「四小」，我亦曾推波助瀾，下期當續寫此事，以實我文。

（選自《大人》第二十八期）

齊白石與李可染

薛慧山

中國畫之創新，必須繼承和發展自己民族的傳統，這已成為確立不移之論。但從整個中國歷史文化演變的觀點來說，它大河不擇細流，可以無所不包容，即外來的一切，也無所不可以潛與同化之。近世若干畫家，從事嘗試於中國畫滲入西洋畫法，縱有勉強湊合而成的，但多少也有些可取的業績，其中，李可染即是較傑出的一位。

李可染獨創的藝術風格，是帶了幾分「拙」，雖不免矯揉做作，卻不能不說他有些聰明才氣。尤其他撰的畫論：——意境是山水畫的靈魂，即可知非讀萬卷書、行萬里路者不能有此等妙悟。他的山水人物畫，果然出現了新的技法與新的意境，單從那幀翻來覆去畫過多少次的〈柳蔭浴牛圖〉看來，確乎是他本人親身感受的得意之作，令人聯想起他兩句座右銘：「可貴者膽，所要者魂」，一些也不錯。

同時，我們知道：齊白石生前所給予李可染的啟發很大。齊白石直到晚年才大變特變，而李可染則以師承有自，卻因之加快了腳步，從西洋畫跨到中國畫，居然突飛猛進，一蹴而幾的創造了一項奇蹟。由此，更可證實，所謂創新，非從傳統的淵源中深入鑽研出來不可。

藝術是一國的民族文化精神最具體最真切的象徵表白，中國畫的傳統優點，且已為全世界所認識與肯定，故我們正不必妄自菲薄。因此我在評述李可染文中，順便也談談中國畫創新之路，究竟將進行如何方向，俾與讀者諸君共同商榷。

牧童出身

據一九五六年北平老畫家胡珮衡的記載如下：

李可染，江蘇徐縣人。早年學習中國畫和西洋畫，都有很深的基礎，後來又拜齊白石為老師，專研究中國畫，並到全國各地寫生。所以他的畫真是突飛猛進，有新的氣氛，也富有古人傳統的風格。

這樣說來，李可染之崛起，還是抗戰以後的時期。他今年還不過六甲左右罷，但已很早建立了他個人藝術風格，所謂「有新的氣氛，也富有古人傳統的風格」，他的書畫都表現了一種稚拙美，筆情墨趣和意境清新，活潑可喜，儼然獨創一格。但據黃蒙田在〈畫家與畫〉文中又這樣記述：

……最初見到李可染的時候，他還是一個西洋畫家。那是一九三八年冬天，在桂林，我第一次看到他的作品是一些抗戰宣傳的大布畫，素描工夫很好，雖然是用水粉色畫的，但全部是油畫作風，一望而知有大家氣派。

從另一方面考證：一九三八年，李可染還不到三十歲，他原在國立藝專肄業，在校長林風眠的薰陶下，致力於素描與油畫，確也有些基礎與業績，曾在藝專擔任了助教工作。至於說到他學習中國畫，還是在助教時期開始，距今也不過三十年的歷史，而已有此突出的造詣，不能不說「真是突飛猛進」了。

據黃蒙田的回憶：「第一次看到他的水墨畫，大約是在抗戰第四年的四川，那是一些水墨冊頁，全部是畫京戲人物的。記得一起去看的是剛自昆明來的畫家關良，關是票友，不但喜歡唱京戲，而且還用油畫和水墨去畫京戲，當時他看到可染的水墨京戲，喜歡到不得了；那些水墨畫可以用『稚拙』二字包括了它的全部，讀來趣味之至。」但那時在黃蒙田眼中，還不認為可染已經是或將要成為一個水墨畫家。這也難怪，從西洋畫家搖身一變而為中國畫家，可不是一宗輕而易舉的事。一個魔術家可以「眼睛一眨，老母雞變鴨」，說變就變；而畫家呢，說要「變」罷，就非得需要長期的經過徬徨、探索的醞釀過程，十十足足付出了相當的心力代價，才能等於煉成金丹，而達到所謂脫胎換骨的新境界。

不錯、就在那時候，在中國內地，有不少西洋畫家紛紛嘗試過國畫的習作，葉淺予、吳作人都開始改變方針，一天到晚大畫其水墨，但似乎僅止於「玩票」性質而已。實在說，這樣的變，決不是標新立異，譁眾取寵的玩意兒，而非絕對嚴肅認真，努力從形式而追求內涵不可，這其間的蛻變過程，辛苦殆不亞於蠶經三眠一樣。李可染是當時潛心苦練的一個，何以他後來竟然會變得那麼好，而又那麼快呢？這由於他在藝專時期，已用心搜羅了所有古今的畫論畫史，並仔細進行研讀其中的精義；更由於他的理解力相當強，能揚棄其糟粕而吸收了精華，肯定了中國畫求變創新的正確方向。同時，在抗戰結束以後，他北上覓得了一位名師齊白石，朝夕追隨几席，當面求教問益，果然學到了許多東西。而後又回到江南各地寫生，以大自然實景當做他學習的稿本，才逐漸形成了他那一套富有時代感情，和民族風格的藝術特徵。

自古以來，杭州、富春江、太湖一帶優美的風景，不知絞盡了多少畫家的心血，而各人的胸懷稟賦不同，從來在畫家筆下的江南風景也就各有其特性。例如元代四大家筆下，黃大痴的富春江長卷，倪雲林的太湖平遠之景，以及梅道人、黃鶴山樵各有創造性的描繪。但後來的畫家卻一味偷懶，一味摹仿他們不肯再求變化了，弄得陳陳相因，千篇一律。此際，在李可染實地寫生之下，本來已有素描工夫的他，加上對筆墨的運用，掌握了其中變化規律；尤其面對著真山真水，他能深入觀察其自然變化，懂得剪裁，懂得誇大，懂得組識，懂得一切的藝術加工，而最重要的仍在於他自己思想感情的發揮。李可染乾脆指出：「一個真正成熟的藝術家在創作時，技法問題已不是主要的，往往像忘掉了技法，才能把全部的思想感情貫注在作品裡。」惟有這樣，其作品的藝術感染力，才能比別人來得深切。何況出現在李可染畫面中的人物，絕不是什麼穿道袍的古人，而是今天江南風景裡活著的人物，使人看來格外親切有味。黃蒙田這樣形容說：「讀他的水墨畫，彷彿在酷熱中飲一口清涼的甘泉，那感覺舒適極了。」

李可染有一幅〈太湖渡頭〉，用一片廣闊的湖面來表現它的特色，已經是大膽造意，渡頭與遠處的房屋遙相呼應，境界十分空曠，而空白處也就是畫。他一再畫過頤和園的畫中遊，被人讚為新的界畫，這些都是初露頭角時的習作。

後來，他畫了一幀〈晚涼風中看浴牛〉，疏落的柳枝蒼勁中帶著輕柔，已儘點出這是夏日的午後，這境界因了赤膊的牧童而更具體，牛的表情是給他畫絕了，那畫面筆墨簡潔，而結果變化複雜的墨色之奧妙，猶其餘事了，畫得最妙的是：兩頭牛在河中沐浴而竟無一筆著於水面，可是那些空白的宣紙，卻因其部分的洪染而使我們感覺到它的河水在盪漾。

他的老師齊白石見了這幀畫，大為激賞。本來他老人家也常畫同一題材的〈柳蔭牧牛圖〉，但柳絲既沒有這樣簡練，而牛也不是浸在水裡的。因此他對李可染說；「你畫牛畫得比我更有神氣，這究竟為什麼？」可染只得恭恭敬敬回答：「老師，要知道我在孩童時期，便經常在柳蔭水中替牛沐浴過的呀！」白石為之恍然，掀髯笑道：「原來你跟我一樣是牧童出身，好罷，從此我不再畫牛了，就讓賢弟這一條路。」從此，這浴牛圖便成為可染筆下專有的代表作，算來這二三十年來他已不知重複畫過多少幀了。

得一「拙」字

正如歷史上的大藝術家那樣，白石老人對於後輩畫家的培養誘掖，是盡心盡力的。門弟子拿畫請教，他總是細加指點，或勉以嘉言。他曾寫過一篇序，更可說是他平生藝術態度的精闢剖白。原文是：

夫畫者本寂寞之道，其人要心境清逸，不慕官祿，方可從事於畫。見古今人之所長，摹而肖之，能不誇師法，有所短，捨之而不誹。然後再觀天地之造化，來腕底之鬼神，對人方無羞愧，不求人知而天下自知，猶不矜狂，此畫界有人品之真君子也。今二三同學，心無妄思，互相研究其畫，故能脫略凡格，即大葉粗枝，皆從苦心得來。

白石諄諄告訴他的弟子不要追求個人榮利，要把苦心學畫視為「寂寞之道」，對老師的畫法也不是一味盲從。要留心學習，盡力創造才好。但白石的弟子群中，能遵從師訓而去做的，又究有幾個？一般人只襲取一些皮毛，學得若干組枝大葉的花卉畫，以求其形似酷肖便已滿足，甚至專造白石的假畫欺世而已。殊不知白石早就說過：「學我者生，似我者死。」一個人如其學畫學得像古人或老師一個拷貝似的，那只是低級的畫匠，畫的死畫罷了，又有什麼意趣！

畢竟李可染這個人，是此較有藝術慧根的。他既然讀書讀通了，從理論而到實踐，對於白石，師其意不師其跡，只吸取其滋養，採取其神髓，不畫那套花鳥蟲魚，卻一變而為山水人物畫這一格。到今天，不少白石的弟子似乎都略輸文采，稍欠風雅，只識依樣畫葫蘆而已，惟有一個李可染後來居上，出人頭地，因為惟有他真能自出機杼，自成面目。

一九五〇年，白石九十壽辰，舉行一次大規模的畫展，可染撰文很中肯地對他老師讚揚與批評說：

> 藝術原是為群眾而創造，而舊國畫數百年來，卻演著遠離群眾的悲劇。成百成千的畫家都在嘆息著：「陽春白雪，曲高和寡！」卻不知深入地挖掘這矛盾的根源。白石老人處在這樣的藝術環境裡，獨能以艱苦自學，天才創造，接近群眾的欣賞，博得了廣大的愛戴，這不能不使我們驚佩！當然他的創作，受了時代的限制，所表現的題材，有一定的限制。但我們從他作品中至少可以認識到：國畫中的水墨畫可以寫實；可以使用艷麗的色彩；可以表現欣悦向上的情感；並且有他高度的表現力。這在國畫創新上，具有啟發的作用。

是的，白石給予可染的啟發作用很大。可染不像別的弟子那樣，所採用的題材，只局限於水墨或色彩艷麗的粗筆花卉，卻能苦心孤詣，摸索出了一條自己的道路，既然國畫水墨可以寫實，他便專門致力於山水的寫實。除了上述江南風景、浴牛圖之類外，其後可染曾旅行了華山廬山寫生，又曾訪問紹興魯迅的故園、白石故鄉湘潭等地，不斷地產生了新作品。這些畫用的是水墨，於虛實簡繁黑白之間，予以靈活運用，倍覺其表現力強烈。而題上的字款又那麼歪歪斜斜，忽濃忽淡，有如小孩之信手塗鴉，那是他特別強調一個「拙」字。

本來，所謂「拙」，也就是要求「熟中求生」的意思。熟而後生，是恐怕太熟了，容易逞才使氣，流為霸悍或纖巧，故而在筆墨上不得不作主觀的遊戲，有意的收斂含蓄一下。中國畫論中一向尚拙的說法，即明代董其昌所說：「詩文書畫少而工，老而淡，淡勝工，不工亦何能淡。」其實遠在宋代，黃山谷論書已說過：「凡書要拙多於巧，近世少年作字，如新婦梳妝，百種點綴，終無烈婦態也。」蘇東坡也說：「筆勢崢嶸，文采絢爛，漸老漸熟，乃造平淡，實非平淡，絢爛之極也。」李可染似乎參透此秘，他所作的書畫，便有意無意的抓住一個「拙」字，作為他個人藝術特徵，說來正是所謂浪漫主義手法表現之一端。

他的人物畫〈觀蓮圖〉、〈換鵝圖〉，筆墨與人物造型，畫來都簡而且拙，一片天趣盎然。〈換鵝圖〉畫的是王羲之故事，他把這位歷史上的大書家，寥寥幾筆便寫出其風情蕭散之狀，而那個籠與兩隻鵝，也都生動有趣。顯然，李可染的底子是很厚的，西洋素描嫻熟之外，用中國毛筆也夠蒼勁有力，卻故意帶些生拙的味道。尤其他作畫目的在乎求其神似，即所謂「不似之似」。

齊白石平生，有幾句極其辯證的名言：「作畫妙在似與不似之間，太似為媚俗，不似為欺世。」這真是道破了中國畫寫神的訣竅所在，且解答了一切藝術在實踐上的難題，倘能對之會心領悟，而更運用得當的話，那就夠使你一輩子受用無盡。本來，中國畫家很早就提出寫形與寫神的關係問題。寫形，指在畫中求得對象外表的形似；寫神，則指表達物象的神態與內在精神。晉代顧愷之留下他著名的畫論，就提出「以形寫神」這一正確見解。可是幾千年來，全世界的藝術家始終為此而陷於困惑之中。直到今天，自然主義者絕對不致超越「形」的範疇，而抽象派則根本否定了「形」的存在。其實，半具象半抽象的中國寫意畫，不是早已作浪漫主義的實踐了嗎？

在白石老人留下來的題畫詩文中，曾不斷地鞭策自己，批判自己。他曾說：「獲觀黃癭瓢畫冊，始知余畫過於形似，無超凡之趣。」於是他求變，於是他突破，終於領悟到「不似之似」之妙，而獲致其藝術創造。所謂創造，即舊經驗的新綜合，舊經驗是格律摹倣，新綜合則非自出心裁不可。

顧亭林日知錄論詩有云：「不似則失其所以為詩，似則失其所以為我。」詩畫相通，畫家本身也就是詩人，需要有這樣的妙悟才好。這一點，齊白石直到晚年才恍然想通了過來，而一手接其衣缽的李可染，卻因此靈竅大開，一下子便突圍而出了！

江山多黑

「採花蜂苦蜜正甜」，齊白石辛勤一生的藝術活動，到晚年才有高度的成就。李可染從他那裡，確實學到了不少好處。他記得有一次在老師家裡，一位客人問老師說：「我想學畫，請你講講學畫最重要的是什麼？」當時躺在籐椅上的老師還未答話，站在旁邊的看門人老尹卻插嘴說道：「喝！你老要學畫，趕快用大板車拉滿一屋宣紙，等把紙畫完啦，再來說罷。」老尹說的雖是笑話，實則他跟白石工作日久，見到其作畫之勤苦，因而有感而發。白石桌上一塊又粗又厚的石硯，硯底已經很薄，別人替他磨墨時，總是囑咐墨從厚處磨，不要把硯底磨穿了。他老人家又對可染說過，他一生十日未作畫，一共只有過兩次，一次是母親死了，一次是他害了重病，此外總是天天作畫，功夫從不間斷，白天時間不夠，晚上張燈繼續。其畫上常有「白石日課」、「白石夜燈」的題字。有時大門落了鎖，以謝絕酬應，甚至在門外貼上「齊白石已死」的字條，一時傳為逸聞。

白石臨終之前，給可染最後一張字條是「精於勤」三個字，可染奉之為座右銘，終身恪守弗忘。

可染回憶說：「……老師晚年的作品，真是到了如他所寫的一副聯語：『漏泄造化秘，奪取鬼神工』的境地。一些看來極平常的事物，一到他手底，似乎都可『點石成金』、『化腐朽為神奇』。……最為可貴的，到了他逝世的前一二年，還能經年不斷地創作，這些作品精力飽滿，一點未見衰頹之氣……長生不老，青春永在！」

後來，有次可染在江南寫生，一天午後躺在一棵大松樹下睡著了，醒來仰觀天際伸出的松枝，忽然感到似在哪裡見過，想想才恍然知道那分枝布葉及松子的神態，原來就像一幅齊老師的畫，於是嘆服其「胸羅萬象，造化在手」，誠不可及。其實，白石不可及的地方太多了，在長年累月千萬次的磨練下，他對於墨性、紙性、水性，固研之有素；再配合他對於山水人物禽鳥花草，無一不有深刻的感受，因此他的畫中用筆的輕、重、頓、挫、遲、速、中、側不同方法，充分表現出皺、擦、默、染、乾、濕、濃、淡、陰、陽，凹凸各種水墨效果。可染只學到了其中幾度散手，便足以脫略凡格，下筆有神了。

歷來，在中國繪畫的領域內，山水畫可算是重要的一門。宋代韓拙有云：「山水之術，其格清淡，其海幽奧。至於千變萬化，狀四時景物，風雲氣候，悉資筆墨，而窮極幽妙。」明代唐志契云：「山水原是風流瀟灑之事，與草書相同，不是拘攣用工之物。如畫山水者，與畫工人物工花鳥，一樣描勒界畫妝色，那得有一毫趣否？……昔人謂：畫人物是傳神，畫花鳥是寫生，畫山水是留影。然則影可工緻描畫乎？」基於這論斷，李可染悟到自己一面要繼承傳統，一面要有膽量，敢於突破，敢於創造。他自稱不僅是用技法畫畫，最要緊的是用思想感情作畫。因而在他筆下，連那些牛也擬作人性化，與楊柳溪水往往打成一片，是活生生的。清、奇、古、怪的幾棵漢柏，也畫得氣勢磅礴，真像龍蛇一般飛動起來。至於畫山水並不提畫什麼地圖之類，其重點還在乎畫家對景與情的結合。「意匠慘澹經營中」，這樣才能感動自己與別人。

於是，他主張畫面要剪裁，但求主要部分更為凸出。他主張表現要誇張，才有感人的魅力。又主張重新組織，不錯，畫家應該是有改造宇宙的特權。但千句併一句：創作山水畫必須掌握其唯一的靈魂——「意境」。

請看李可染畫的山水罷，這裡可拿兩幀作品來代表作解釋。一幀畫的是重慶，看來不是散點透視，而近於焦點透視法，像從飛機上向下作一鳥瞰，那密密層層的房屋，擠滿了一島，其上塗滿了墨水，似乎濃得化不開來。另一幀畫的是三峽，太陽剛要落山，晚霞返照中，樹木千株萬株，高山像要壓到頭上來，景象在模糊中而又十分深厚。據說也作了許多次嘗試，終於想出了一個辦法，那就是：先把所看到的一切，較清楚的畫了，然後再用濃淡墨慢慢籠罩上去，使原有的輪廓漸漸糢糊以至僅有，那效果才與當時的感覺比較接近了。他自稱這項方法是「從有到無」，其實是採用了西洋畫的渲染法罷了。

這種熖染法，在古時的中國畫中也有的是。例如倒影問題，顧愷之文中即說：「背向有影，下為潤，物景皆倒。」但後來此法失傳了，畫水改以一片空白替代。古畫中也有染天的，畫雨雪煙霧都可以染天。染水則與染天的道理彷彿。如此的熖染法，自從傅抱石把東洋畫風帶了回來，李可染又從西洋畫中借用之，這些作品風格尚能融洽貫通，由於他們幾位多少保持傳統的筆墨，筆中有墨，墨中有筆之故。

中國畫用墨之法，原也變化多端，無所不可。明代王思善云：「運墨有時而淡，有時而濃。有時用焦墨，用宿墨，用退墨，用廚中埃墨，有時青黛雜墨，墨水不一而用，則不一而得。」據個人看法，近代用重墨還是黃賓虹首先所竭力提倡，後起的畫家便多數受他的影響，甚至變本加厲，畫得愈來愈黑，連熗染亦然。其實濃墨與淡墨應該同時運用，相成相破較為適當。方薰有云：「作畫自淡至濃，次第增添，固是常法，然古人畫有起手落筆，便隨濃隨淡者，有通幅淡筆，而樹頭坡腳，忽作焦墨者，覺精彩異常。」這是一種用墨的互救法，質諸可染，以為何如？

而今，在一片烏黑的水墨山水畫流行之際，人們口頭也流行了一句謔而且虐的諷刺語：「江山如此多黑！」

創新之路

說來也夠奇妙，這時代像一個熔爐，一個漩渦，什麼事物都會錯綜融化在一起，只看中西藝術互相影響了，即產生了如此現象。凡學過西洋畫的劉海粟、林風眠、徐悲鴻等輩，他們從歐洲回國以後，都宣告轉變了，對中國畫都竭力推崇而終於皈依；即後起的葉淺予、吳作人、李可染諸人，也一齊親炙於齊白石的門下，很快從西洋畫跨入了中國畫之中。這究竟為了什麼？實在中國畫比之西洋畫更有其吸引力，更有其藝術的內涵，與筆墨的趣味。而今，可說是

「東風壓倒了西風」，而事實上，它已使全世界藝壇都受到非常重大的影響了。

其間確鑿的證據多的是，即印象派與後期印象派繪畫的中國畫化，日本伊勢專一郎且謂在中國六朝的顧愷之的藝術中，可以窺見千五百年後荷蘭的谷訶在遙遙呼應著。歐洲近代美學與中國古代畫論若相脗合，抽象派先驅者康定斯奇的藝術論暨其書法抽象畫，與中國畫論全然一鼻孔出氣。唯其如此，喚起了中國學西洋畫的畫家們一致覺悟，為了表現藝術上的民族風格，紛紛以企求能轉變為中國畫家為唯一出路。他們之中，雖也批判過「四王」畫派的公式化、概念化，但沒有一個不珍重中國畫傳統的優點，實在深感西洋畫原來具體寫實之道路已窮，不得不轉向中國畫虛靈抽象的風格上努力。

其中李可染即曾肯定地指出：「傳統是重要的，離開傳統，就很難談到創造。」惟有他看明白、也想明白了，才毅然決然下了這麼斬釘截鐵的結論。對於一般沒有在傳統方面用過工夫，就盲目亂嚷什麼反傳統而要創新的新潮水墨畫家之流，就不啻給予有力的一個當頭棒喝。

今日不談中國畫則已，談中國畫就非繼承傳統不可，唯繼承而才有創造。要知道，中國畫與西洋畫向來有其本質上的差別。打比喻說：中國畫的表現如「夢」，西洋畫的表現如「真」。中國畫的內容，無非是畫家本人心靈中想出來的，甚至是這世間沒有的物或做不到的事。所以，它不像舊派的西洋畫那樣用透視學；像攝影機般力求刻板逼真；它也不像新派的西洋畫那樣全盤抽象化，亂塗一通，而說不出所以然。中國畫論中所謂「遷想妙得」，即畫家遷其妙想於萬物之中，與萬物共感共鳴的意思，因此它是主觀的，自我的，也就是李可染的說法一般、必須由畫家發揮其思想感情，把握對象的精神實質，予以藝術加工，刪除其不必要的枝節，而誇大其最必要的重點，這儼然與西洋畫「感情移入」的說法有共通點，但又更進了一大步。所以，學過西洋畫的人，如欲有志蛻變而為中國畫家的話，其先決條件，要耐煩地作筆墨技法上的基本訓練，同時一定要多讀書，多讀書才會有「胸中逸氣」，也就是有了藝術創造的一種精神靈魂。

李可染的畫，幾年前已被法國出版界搜集編印專冊。我一度在香港辰衝書店看到，以售價過昂而未能購致。這畫冊印得極精緻，其中作品除了畫得太濃太黑外，有一幀〈杏花春雨江南〉，全用淡墨畫成，一片淋漓中，且點染了粉紅色，看起來卻又雅韻欲流。顯然，在李可染的筆下，已能把中西畫法揉雜貫通了，這也無愧為一個大膽的突破。

令人發生興趣的是：現存的西洋藝術大師畢加索，也曾採用中國毛筆與宣紙，偷偷地在學齊白石的水墨畫，但沒有正式發表。十多年前還見到他用水墨畫的鬥牛圖一套，說是仿自中國漢代石刻，確也古拙有味。中國畫輝煌的遺產太多了，要創新、要求變，所可走的路子正復不少。既然國有瓌寶，我們又該如何誠心誠意來珍重它，運用它。

關於中國畫如何求變創新？對這一問題，我曾與現居本港有經驗有見解的老畫家彭昭曠兄，共同作過長期的討論研究。彼此舉出了綱目，並將其方法歸納可得七點：

一、倍加功力，學習先賢成法，接受傳統中的優點。

二、經常接觸自然，精密觀察物理物情物態，天下奇景真太多了。
三、多方面深入體驗生活。
四、博覽世界各國名畫，究其法，識其變，吸收其長處，亦即可以調和統一者取之，不然者捨之，不可勉強湊合，否則弄巧成拙，從勞無功。
五、區別中外人士對於美的觀點異同之處。
六、多讀文史、哲理諸書，增加思想之深度與闊度。
七、應知中國書畫相通的原理，經常習練書法最多裨益。

倘能堅持以上幾點方法，只消業精於勤鍥而不捨的磨練下去，那麼誠如石濤所云：「古今字畫本之天而全之人。」深信誰都不難那樣子「筆落驚風雨，詩成泣鬼神」般，創出真正具有時代感情與民族性格的作品來。

（選自《大人》第三十五期）

環華庵訪張大千

周士心

八月下旬，我與妻兒第一次遊三藩市，就想到卡密爾（Carmel）訪問張大千先生。我們打了一個國內長途電話，在獲悉張大師到紐約去檢查眼睛之後，就臨時改變了遊程，等待以後有機會再去，不過很多朋友來信，都問我們有沒有見到他，總以為我們住得這樣近，一定很容易見面，實際上卻不然，因為美國地大人忙，有時還要看機緣。

十一月中旬我們又到了三藩市，為了籌備一個畫展，有一段比較長的時間在此逗留，等到諸事有了一個頭緒，作好事先安排，決定前往訪問這位前輩。

十一月二十九日，起了一個大清早，衝著晨寒，乘的士到達第七街灰狗長途汽車公司，搭上八時十五分的車，一路倒也平穩，由於最近時常東奔西跑，過慣了隨遇而安的生活，處處可以打瞌睡，等到一覺醒來，已經兩個多小時過去，途中如何景色，了無印象，行行復行行，有話則長，無話則短，不多幾時，蒙特里（Monterey）卻已在望了。

長途汽車到蒙特里為止，進入卡密爾還有十分鐘車程，要坐私家車進去，所幸張先生的公子心一兄已在等候，於是轉車繼續前行，叢林夾道，不少建築物隱沒其中，這裡住宅以西班牙型式為多，地方清幽潔靜，畫慣了「巖壑幽居」或是「萬木蒼翠」等題材的圖畫，如此環境，好似極為面熟，以前雖未曾到過，究竟是江山如畫，還是畫似江山，一時也弄不清楚。我想古代畫家的感染與構思，總是受到秀麗山川的影響，彼此有著連帶關係。一開始我就對這個地方有了好感，也想到張先生所以走遍天下之後，會選擇這裡定居，定有他的理由。

地勢迴環曲折，車行轉彎抹角，心一兄告訴我們特為多走些路，好讓我們外來的人對當地風光有個概念，車子進入十七哩公園，閘口每輛車要收買路錢美金三元，才准進入，但是屬於園內住客的車，則通行無阻。此一路程，初如原始樹林，極富自然之美，遠近散置住宅，覺得並無奇處，不過心一兄隨手一指，只見一所古老大屋，佔地甚多，屋外裝飾陳舊，院落沉沉，毫無生氣，心一兄說，美國人因為歷史短，時興保存古物，這間大屋，外觀木門木窗，台階斑駁，樹木陰森，卻是價值不菲，至少美金百萬也，不過內部陳設據說是美輪美奐，全部現代化設備。過此大屋，車行轉速，略一瀏覽，就到了目的地。

搬下行李雜物，定定眼神，但見花園洋房一列，曲徑通至門前，四圍草木扶疏，右首置一巨石，高與人齊，寬可三抱，兀兀突突，有崔巍巖壑之氣；右首近門置一大樹根，略高於人，玲瓏剔透，風姿不凡，有江南湖石趣味，這兩件鎮宅之寶，都從遠處搬來，左右對峙，使得外來訪客，一望而知此宅主人之雅懷非凡也。

我們進入穿堂，兩壁高懸巨幀山水，豪氣激盪，震人心弦，正在神遊之際，主人聽說我們來到，從左側畫室出迎，相違七載，一朝相見，自是歡喜無量。步入畫室，與張夫人相見，互道契闊，復蒙介招我國駐日本大使館領事蔡孟堅，張先生一再為我夫婦揄揚，愧不敢當。大千先生精神矍爍，談鋒如昔，面色紅潤，長髯如銀，一種瀟灑態度，頗有畫意，不過所帶水晶眼鏡，外突如半圓球形，卻是不大經見，此時相距約三尺，我詢先生看我清晰否？張先生答稱：「如你不講話，突然來到，我不知道你就是士心兄，看時只有一團人形，熟悉朋友大家一起講話，自能分別清楚，去年在台灣，就因此得罪不少朋友，別人對我點頭招呼，還以為我架子大，不理會，硬是誤會，對不起人。」他還謝我每年在香港參加祝壽和迭次為其畫展所作文章，不意區區小事，亦能注意及此。

張先生目前畫室不大，畫桌則極為寬闊，案頭正畫一墨荷扇面，尚未完工，畫具筆墨之外，一帙來自世界各地的函電，尚有《大人雜誌》，先生很喜歡這一份刊物，因為內中所敘人物，頗多相識，極有親切之感，所以新書一到，即由夫人或小女公子為之誦讀，因而平添不少生活情趣。畫室內進為客廳，正壁有自書詩軸分懸左右，線裝書充滿書架，各式清供巖石如千層、靈壁之類，對壁則懸有近作青綠潑墨山水，左面為落地玻璃大窗，可向外望見花園景色，光線至佳，先生伉儷即於此接待舊雨新知，座上客果常滿也。

我們從美國地大物博談起，到居住在美國太太們的辛苦。先生說老年人在這裡亦有二難，那是有口難言，有腳難行，年輕人個個忙碌，他們家最多時有六架車，有時還是不夠用。在美國人工最貴，即使有錢亦難雇工人，先生的新居花園連住宅佔地有五畝半，單是種花鋤草，裡外打掃一次，就夠忙了，一位日本花王，每週只肯做二次，每次四小時，每小時工資美金十元，但是此人兼理不少花園，要求增加工時都不成。

這個園，尚在建設階段，先生將在園中另建一大畫室，大約有二千呎面積，向南一列大窗之外，三面牆壁，以備懸掛新舊名作。藍圖已經決定，等待批准興工，為了建此畫室，必須砍去一大批樹，在卡密爾這塊地方，有它自己的法律，莫說活樹不可砍伐，例有週密保護；就是倒在地上的枯木樹根，亦不可隨便移動，以保持這個地方特色，讓詩人畫家在此尋覓靈感；讓生活在不見天日、摩天大廈底下的人們，重拾自然界的幽夢。不過像先生那樣的大藝術家，由他來經營一個園林，相信只會平添景色，說不定成為八德園第二，管理當局最後終於破例准許，這些樹砍下搬去，又花了一筆貴的費用。最近沿窗特地選種了一批名貴茶花，將來的計畫是：鑿池，鋪草，砌路和補種樹木，工程不小，我問是否再做一個「靈池」？不禁逗得先生撫髯大笑，他說「靈池真靈，最近漲過一次池水，恰是香港開畫展的時候。」我心中想，這個新園，許多工程待做，不知在巴西的靈池之水現在又漲了沒有？

我們在窗外平台前拍了一張照片，背景正對將來建造新畫室的角度，大概再過數月，如果再站在這裡拍照的話，就可以見到這間新屋了。

張先生這天特別高興，要我看看他的大畫，命家人取出慢慢將之鋪在客廳的地板上，這幅畫已經裱托過，大約縱五呎橫六呎，好似一幅四方的畫，那是去年年尾的近作，寫杜詩「疏松隔水奏笙簧」的意思，煙巒雲峰，絪緼繚繞，著三數蒼松於隔岸巖阿之上，益以硃砂紅葉，於濛朧變幻莫測的筆墨中略加點染，全畫賴以貫穿，畫龍點睛，妙造毫顛……。我看看這幅畫，又看看張先生半球形的眼鏡，心中有些不能解決的問題，於是我再問他眼睛的情形，張先生說：「近來身體甚好，飲食俱豐，除了過份油膩和糖製品外，其餘一概進食，故此體重略為增加，也不覺疲倦，不過眼睛則沒有進步，九月初曾去紐約檢查，也沒有什麼新的辦法，現在戴的眼鏡，看一幅畫，大約可以看到二方吋的範圍，我最喜觀畫的仕女和工筆畫，是決不可能再畫的了……」他搖搖頭，言下不勝唏噓，他說到這裡，一定很多美女的畫面在他記憶中活躍起來，順手理理鬍子，繼續說：「我三十年前畫的美女，她們的髮式，直到現在才流行。」我應著說：「藝術家對於美的發現，常常是站在時代前面的。」他點頭同意並接著說：「現在畫圖靠經驗，大部位決不會弄錯，也不費眼力，細節目則不免交代錯了，不過看畫的人知道我的眼睛不好，一定會瞭解的，我現在寫畫是用心畫，而不是用眼處處看著畫，所以最近刻了一個圖章，名為『得心應手』。……」

我默默地浸沉在這幅畫中，有時索性閉上眼睛依著畫路比劃比劃，摹擬用心來畫這幅畫的過程，發現他心的境界是如此的浩大和縝密，也證明了換過另一位畫家，即使整天碌大對眼，恐怕也是難於達到這個地步。像這樣至少靜默了十分鐘，蔡領事當年是蘭州市長，派了兵保護大千居士到敦煌畫壁畫的就是他，突然打破了這份美的沉寂，問大千先生這幅畫賣不賣？他指指壁上的幾幅山水畫說：「這些畫是不能賣的，都是太太和幾個兒子女兒的，太太對我說：你的畫儘是給人拿去，家裡一幅都不留下，你將來老了，不能畫了，怎麼辦？我說：我的人都是你的，何況畫，所以那許多幅都是給他們留下了。至於這幅畫呢？少說些也值個二三萬美金，少了不賣。我從前不賣畫，現在開支太大，一定要賣畫，所以只好請朋友原諒了。」畫家要生活，還要搬樹根石頭，砍樹種花，賣畫是天經地義的事。我在將畫幫忙捲起來的時候，偶然見到書架上擱著個鏡框，我還以為是什麼詩篇，細看內容，卻原來是大千居士自訂的書畫潤例。這讓我想起一九五零年，大千先生剛從印度大吉嶺到香港，住在九龍界限街楊宅，俞振飛、黃蔓耘夫婦向張先生代朋友求畫，婉婉轉轉問先生的潤筆，我記得大千先生說：「我平時是不賣畫的，也沒有訂下潤例，朋友喜歡呢，我就送。」現在大千先生改變作風，有其苦衷，實在希望得到他畫的人太多了，平時有在來有交情的朋友固不必說，還有些毫不相干的遊客，慕名往訪，也希望能得他的字畫，使得大風堂其門如市，疲於應付。心一兄說：有些素不相識之人，除了要字要畫之外，居然虧他們想得出說：「聽說你們家的飲食非常講究，可否請我們吃一餐？」就是這樣令人啼笑皆非。

這裡我將大千居士自訂潤例錄下，以饗讀者，看看你們擁有張先生的名畫，究竟價值多少，如有相宜字畫，不妨早為收藏，此時此地，可得謹防「漲風」啊！

張大千鬻畫值例

投荒居夷，忽焉七十有二，筋力年衰，目瞖日甚，老去丹青，漸漸拂拭，索者坌積，酬應為艱，不有定值，寧無菀枯，爰書此例，亮不見嗤於痂癖也。

——中華民國五十九年庚戌夏蜀人張爰大千父訂

畫例

花卉

堂幅　每方尺一百五十元

屏條　每方尺二百元

橫幅　每方尺一百五十元窄至一尺以內同卷值

冊頁　每頁六百元

卷子　每方尺四百元

山水人物

堂幅　每方尺二百元

屏條　每方尺三百元

橫幅　每方尺二百元
冊頁　每方尺八百元
卷子　每方尺八百元
花卉人物山水皆粗筆寫意
點景加倍　金箋加倍
疊扇不應　工細不應
劣紙不應　劣絹不應
尺度過一寸作一尺論
定值以美金計
磨墨費加二成
潤金先惠約期取件
至速六個月後立索不應
作圖及確墨其值面議
書例　真行同值　隸分倍於真行　篆書倍於隸分
堂幅每方尺五十元
屏條每方尺六十元
橫幅每方尺五十無限窄至一尺以內同卷值

楹聯三尺一百二十元四尺一百六十元
五尺二百元六尺二百四十元
七尺二百八十元八尺三百二十元
一丈三百六十元丈二四百元
冊頁每方尺一百元
卷子每方尺一百元
書扇題簽每件一百元
疊扇不應名刺不應
市招不應劣紙不應
來文不書金箋加倍
堂匾面議
碑銘墓誌面議

書畫鑒定

口頭鑒定每件一百元
題跋與蓋章每件五百元跋語不超過一百字
贗品不題

當下心一兄說：「昨天接到電話後，聽說你們當天要回三藩市，大家商量怎樣招待你們，爸爸說不如陪你們去看趙大年的青綠山水，和卡密爾最好的地方，勝過在家費很多時間吃一餐飯。」我說客聽主便，就照主人安排的計畫吧！

我將禮物贈與張先生伉儷，聊表寸心，另外有一冊我的畫集，其中有二十年前，我們合作和大千先生題字的作品，作為紀念，張先生換過一付特製的眼鏡，但仍需湊近到相距三、四寸左右才能看得清楚。他的記憶力真好，某時某地畫的題的，都能一一說出，他最喜歡我在一九六四年畫的四幅潑墨山水，他連聲說：「清得很，清得很，近時的畫家中，算你最用功了。」還是我請他以後慢慢看，因為所有的人都準備好，去看宋代趙大年的山水畫。

由心一兄駕車，大千伉儷，蔡領事和一位梁夫人，我們一行七人，到達當地一家著名酒店附設的餐廳，它的外觀像一所住宅，它的名字是：Delmonta Lodge，原來大千先生早已在這間餐廳最好的位置定了坐，侍者引領入座，是時已經全廳客滿，許多度假士女見到大千先生的風儀，無不行以注目禮，他的裝束和特有的美髯，確有很大的吸引力。

大千先生定要我夫婦坐正位，面對大窗，眼前呈現一大片綠油油的草地、隨著地勢伸展，幅度至廣，右首有百年古松四五幹，具干霄凌雲之勢，意態尤似古畫；左首極遠處，始見雜樹為林，雖時屆仲冬，仍是青蔥秀發，視野所及，直至遙遠海邊，海中岩石嶙峋，波濤起伏，浪花捲雪，極為壯觀，再向前望，峯巒明滅，雲煙縈纏，景物之美，竟至忘卻身在餐廳中矣，至此我恍然大悟對張先生說：「此為大年真蹟無異。」他拈髯微笑說：「我早知你會喜歡這裡的風景的。」一面對這樣一幅天然趙大年輕綠山水畫，一方面感到古人寫畫觀察自然之精到，竟有如此吻合處，一方面也深覺卡密爾這個小城市，所以能吸引世界遊客和無數的藝術家到此，確有其魅力。

我們目觀勝景，口進佳肴，還有不時聽到大千先生講笑話，真是眼福、口福、耳福俱已兼得，賞心樂事，際此亂世，也算極為難得了。他談劉德銘、郭有守，關心高嶺梅的心病，也談到蔣夫人畫山水，吳子深老師請他寫序文，不斷讚美吳先生山水蘭竹功力之深，繼續談齊白石請客的故事，又稱齊為最懂得生意經的畫家，他講齊老先生平時賣畫的情形，十分精彩，也是現代名畫家一段頗為有趣的資料。

齊白石一聽到外面打門，就走到門口在小洞洞中看來客。

齊問：「外邊貴客是那位呀？」

客答：「請問齊白石老先生在家嗎？」

齊看個清楚，也許不喜歡這位來客，就說：

「齊先生不在家哩！」

客再問：「我是專程來訪齊老先生的，想要買幾幅他老人家的大作。」

齊聽人要買畫，他就改口答道：

「那我就是齊先生呀，請貴客進來吧。」

於是齊就從腰帶上取下大門匙，開門延之入座。不過他家牆上四壁掛的不是作品，而是貼滿了標語，諸如：「潤筆先惠，點景加倍」，「主人無暇閒談，貴客自重。」之類。

來客恭維數語之後，坐定說：「齊老先生的草蟲，最出名，可否割愛一冊。」

齊答：「年紀老了，眼光不好，工筆草蟲不畫了。真是對不起，沒有了。」

來客再請。

齊看其有誠意，半晌才說：「有是有一部，不過是太太藏起的，不知她肯不肯出賣。」

來客求之尤急。齊就拉直了嗓門：「太太，有位貴客要看看你那部草蟲冊頁哩。」

齊夫人在房中回說：「噯，這部冊頁不賣的！」

齊又大聲說：「貴客看得中意，能出大價哩。」

於是就在一問一答中，高價成交了，來客興辭而出。

聽完這個故事，幾乎在座的人都一致認為這是齊老先生夫婦預先商量好的辦法，也許還有不少部冊頁等待「貴客」來割愛。蔡領事問張夫人：「你那部冊頁怎麼樣？」這個問題由張先生代答了：「那是真的不賣的。」大家笑了。

最後張先生說，今天沒有人喝酒，如果岳軍先生在座，必定會記得一個笑話：

朋友一起吃飯，要各人輪流以一種動物為題吟詩一首，輪到岳軍先生，他吟的是狗，句子是：「我本一條狗，只懂守門口。一日飽三餐，吃飯不喝酒。」

大家又一次哄笑，在笑聲中結束了這次歡樂的午餐。

然後出發去看古樹、石頭，大千夫人在餐廳入口處買了一冊介紹卡密爾地方的彩色畫集，送給我們作為此行的紀念。一路上大千先生告訴我，卡密爾有人口一千餘，但是畫廊卻有七十餘家，我問：「這末多畫廊，有無生意？」他反問我：「如果沒有生意，他們開在這裡做什麼？」他繼續說：「專為女遊客們做頭髮美容的店就有五十多家，仍要預約時間，臨時恕不接待。不要以為來此美容的必屬妙齡美女，她們之間大都是年老寡居之老婦人，到此消磨時間，閒談閒談而已。酒店房間房租昂貴，有一間專供國王階級暫作居停，每天單是房租美金五百七十元（約合港幣三千五百元），普通遊客即使有錢還不招待，專供新婚度蜜月的房，亦須美金二百餘元一天。」卡密爾為一海邊小鎮，但其消費程度竟然如此之高昂。

在此七十餘家畫廊中，只有一家中國畫廊，那是前新亞書院藝術系同事鄭月波教授所開設，他們夫婦兩人勤勞誠篤，過著優游自由的生活，除了出售自己的作品之外，還賣些古畫古玩工藝品，以往幾年收入不俗，今年則美國不景氣受點影響。大千先生對我說：「你也可以搬來此處設一畫廊，暇中靜心創作，卡密爾地方雖小，卻有國際市場，對於畫家而言，應該是適宜不過的了。」我給他說得有些動心。

車抵海邊，有塊木牌上寫：「觀賞樹木區域」，但見松柏青翠，蒼秀高華，或聳直挺拔，岸偉奇拙；或盤錯伏臥，狀如地行虬龍。大千先生說這些樹至少有四百年歷史，都是從前西班牙人移植過來，也只有這塊地方的氣候，適宜生長的條件，所以其他地方，就沒有生得如此雄壯。張先生平生熱愛怪石奇樹，我看這裡的風光，也看張先生的神情，覺得他此時才真的流露了他的喜悅，內心的懽愉，使他的眼睛轉為明亮，他的美髯在微風中飄拂，金色的陽光在樹林中照在他的身上，閃閃發光，一切塵俗思慮一起洗滌個乾淨，是我從認識到現在最美的張大千，雍穆和熙兼而有之，他看看雲山海濤，他聽聽松風鳥聲，真是一幅絕妙宋人畫。看至奇處，大千捉住我的手問：「士心兄，此景如何？」我毫無猶豫地答道：「直是黃山縮影。」他說：「真是，真是。」此時突然風勢轉勁，大千夫人催著上車，深恐大千先生給風吹壞了，可稱呵護備至，於是大家從命繼續前進。

心一兄一路開慢車，以便大家就算走馬看花，也可略為仔細點。我對大千先生說：「近來常見先生所作大樹，近根下截特別巨大，在香港的，觀客，似覺比例不稱，我只知道畫家有變形一法，今見此間樹木，不少確有此種情形，先生可是受了影響？」他答稱：「我們初時見八大畫的樹木，根部突然收細，亦不敢信，認是八大不拘形似隨意之作，在此亦隨處可以見到者也。」我內心盤算，天下之大，必尚有極多不經見之事物，容待發現，如遽下斷語，妄加月旦，對作者無損，卻顯示了自己的短處，可不慎哉。

車往東行，大千先生說：「此處柏樹形態，較之貴鄉蘇州司徒廟稀奇古怪四棵漢柏尤為古怪，以前在巴西，為了畫古柏，特托友人尋找此四棵漢柏的照片，費了很大的力氣才找到，現在可不用了，隨處皆是天然粉本，士心兄下次你來，我同你租好旅館，住上十天八天，好好看個痛快，今天如此匆忙，只能略得印象而已。」

路經一次海邊，只見三、四海島橫亙海中，那些島上，住滿了黃皮海狗，呼嘯坐臥其間，潮水挾著波濤重重地拍上這些海島，擊成幾丈高的雪白浪花，在藍色天空的陪襯下，壯闊偉大，令人激奮。大千居士說：「不久之後，我將有這一類題材的畫，不過到現在為止，還沒有想出一個最好的法子出來。外地的人來遊歷卡密爾，都希望買些有關本地風光的藝術品回去，好讓以後回憶回憶，不過本地畫家雖多，還沒有一位能用最好的法子創造出如此波瀾壯瀾不朽的圖畫來。」我聽了默不作聲，但卻給我一種極為強烈的啟示，一位真正的畫家，真是人間心忙，無時無刻隨處隨地都在注意寫畫的題材、意境與技法。我猜想大千先生的創作方法，不久之後又將有新的成就了。

時間過得很快，一瞬眼就是下午四時，從上午十一時到現在一路把臂同遊，真是快慰平生，且聽他講講說說，不久日晷西移，冬天日短，再過一小時太陽落山，我們要趕路，先生今天破例沒有睡午覺，可是大家覺得，沒有官式客套，也沒有面目可憎言語乏味的人在一起，十分難得，也很快樂。

及至回到大千的新居，我問他現在住宅是否仍叫「可以居」抑叫它「大可以居」以表示擴而充之的意思？他說都不是，而是名為「環蓽盦」。因此我這篇訪問記是訪問過後才知道它的名字，而並不是先知道然後作訪問的。

當我們握別時，大千先生全家一直送我們到門口大樹根的地方，在門口檐沿底下，他指指一只坐椅，說每天早晨就一個人獨自坐在這裡，看看門前風景，那個老樹根就伴著他。我忽然想起大千先生常常畫的「讀書秋樹根」那幅畫，他的生活真有畫意，同時也深刻體會到，士人畫家所以不惜離鄉背井，投荒居夷，就是怎樣尋找一個適合自己生活方式的地方，依著自己的理想，重建家園。我們實在捨不得走，但是又非走不可，張先生最瞭解我的意思，他說：「下次來多住些日子，談個痛快吧，這次時間太忽忙了，不過我們很快就要重敘，我一定要來看你的畫展。」車子開了，快將轉彎，我回頭投以一瞥，這位慈祥的老人，臉上堆上微笑，還站在斜陽淺照裡。

一九七一年聖誕節記於洛杉磯

（選自《大人》第二十二期）

溥心畬二三事

省齋

數十年來我所認識的名畫家之中，以溥心畬先生最為天真而富風趣，今述關於他的軼事二則如下：

平民化的舊王孫

一九五五年，溥心畬應南韓政府之邀，由台赴韓，前去講學，事畢途經日本，就逗留在東京。那時我也在東京，聽朋友說他到處在找我，於是我立刻就去訪他。他寄寓的地方非常華貴，可惜主人不在東京，日常侍候他的就是一名廚子。溥心畬和廚子話得投機，時常聯袂出遊，大家稱道溥心畬，說他一點沒有架子，雖為舊王孫，卻平民化的很。

平時我和他見面的時候，老注意到他總是喜歡摸他自己的肚子。我覺得很奇怪，有一天我忍不住的問他，問他是不是肚子不舒服，有什麼毛病？他哈哈大笑道：不是不是，這裡面有一個祕密。我問他有什麼祕密？他說他在南韓賣掉幾幅畫，一共獲得五百美金，他恐怕被人扒去，所以特地在他的底袴腰間叫裁縫做了一條夾縫，將五張一百元的美金藏在裡面，外面再圍上袴帶，這樣就神不知鬼不覺的可以萬無一失了。

不忍話舊圖題詩

一九五三年初夏，我在香港接到大千居士自紐約發來的一個電報，說快要飛到東京，深盼我亦能去東京敘首。到了之後，有一天夏曆四月初一，正是他的生日，我請他到上野的「萬壽樓」去吃麵。雖然我們兩人都不善飲，但是那天興高采烈，盡了一大樽啤酒。返寓以後，他立即揮毫畫了一頁「不忍話舊圖」送給我，並加題識曰：

省齋道兄知余將自南美來遊東京，遂從香港先來迎候，情意殷拳，傾吐肺腑，而各以人事牽率，未得久聚，治亂無常，流離未已，把臂入林，知復何日耶？為寫數筆，留以為念，傳之後世，或將比之顏平原明遠帖，知吾二人相契之深且厚也。癸巳四月同在東京不忍池上。蜀郡張大千爰。

一九五六年，溥心畬在我的東京寓所看見了這一幅畫，頗有所感，隨即索紙題詩相贈曰：

相逢離亂後，林下散幽襟；共作風塵客，同懷雲水心。
與生元亮酒，情契伯牙琴；話舊傳千古，寧知鬢雪侵。
題大千贈省齋不忍話舊圖，丙申春二月同客江戶。溥儒。

此情此景，如在目前。乃曾幾何時，人事全非，心畬作古，大千病目，誠有不堪回首「不忍話舊」之感也。

名士派當眾脫衣

心畬是一位標準「名士」，他一天到晚。除了吟詩、繪畫之外。其他一切不理，一概不知，尤其對於衣食住行方面，十分隨便。後來他住在東京澀谷區大和町金村旅館，小房一間，席地而坐。伏几作畫之餘，好吸香菸。繼續不斷，他雖對於日文一句不懂。但對日本生活，卻很喜愛。

離金村旅館不遠，在明治神宮前面有一家中國飯店，名「福祿壽」。吃客大多是美軍眷屬，布置得相當考究。有一天晚上我邀他去吃飯，他欣然相從，那時正是冬天，飯廳裡面的水汀開放，溫暖如春；廳中的電燈全滅，每張桌子上都點上了臘燭。飯廳的一角放了一只鋼琴，有一個妙齡女郎正在那裡獨奏名曲，這種「情調」，本來是十分配合西洋人的胃口的，心畬一到裡邊，先聲驚四座的大叫太黑。坐了下來之後，又大叫太熱。一面嚷著，一面隨將他身上穿的羊皮袍立刻脫下，那時我正在看菜單，並沒有注意他。不料鄰座的兩個美國太太忽然狂聲大叫，原來心畬除了外罩一件羊皮長袍之外，裡面只穿了一套衛生衫與衛生袴！那就莫怪這兩位外國太太驚惶失色了！

恭王府舊藏名跡

心畬名儒，別號西山逸士，自稱「舊王孫」，遼寧長白山人。他是清代道光帝的曾孫，恭親王（奕訢）的文孫，和溥儀是嫡堂兄弟。自幼飽學，於經史子集，無所不窺。清室既屋，他奉母隱居於西山戒壇寺十餘年之久，專事繪畫。後遷頤和園，專攻詩書。《中國美術年鑑》中謂其「繪畫以澹雅為本，獨得宋元之真，故能雄澹致遠，俊逸出塵。題畫詩詞，書法秀逸，如散髻仙人朗朗行玉山高處。楹帖行楷，得剛健婀娜之致，若置之晚明中人，當不復辨」云云，真是一點也不錯。

恭親王府夙富收藏，但後來都給溥心畬賣掉了。舉其犖犖大者如稀世之寶的西晉〈陸機平復帖〉，他拿來賣給余派名票張伯駒。唐韓幹〈照夜白圖〉，他賣給外國人，現在倫敦大英博物館。還有，宋易元吉畫的〈聚猿圖〉，他賣給羅振玉，現在大阪美術館云。

（選自《大人》第二期）

名人婚變記蔣、徐

弼士

曾任北京大學校長暨國民政府教育部長蔣夢麟（孟隣），於一九四九年（民國三十八年）秋，由大陸來到香港作寓公時，閉門謝客，不預外事。是年十月十日國慶紀念節前，前上海同濟大學校長丁文淵，曾邀約當時違難海隅的廣州中山大學校長張雲、前長春大學校長黃如今，以及曾在大陸各大專學校抵任教授的人士如筆者等，聯名發表擁護中華民國的宣言，由政論家馬五先生起草，大家決定請北大蔣校長領銜，而為其拒卻，宣言遂告流產。未幾，美國第七艦隊東來協防台灣海峽，蔣夢麟迅即馳赴台灣，出任中華民國政府所屬「農復會」主任委員了。農復會係由中、美兩國合作的農業機構，職員待遇皆以美金計給，生活自比一般的行政人員優裕多多。

蔣氏的第二任太太陶曾穀女士，原係蔣的老友兼同事高仁山的未亡人，高氏在南京教育部任職時病逝後，再醮蔣氏的，當時蔣聲言他娶陶女士是恪盡其朋友的義務，一時傳為笑談。蔣陶雙雙進入台灣後，生活安定和諧，蔣氏原配所生女兒蔣燕華亦隨同來到台灣。過了幾年後，陶女士抱病去世了，蔣燕華乃替老父料理一切家務事，和她的夫婿沈君一同住在老父家裡，直到民國五十年一月，蔣孟隣與江蘇籍名女人徐賢樂宣布正式結婚，燕華夫婦才遷出蔣公館的。後來蔣、徐鬧婚變糾紛之際，蔣燕華亦捲入了漩渦，她和徐賢樂二人皆發佈談話或文字，互相訟駁，成為台灣各報紙上的花邊新聞；洋洋大觀，歎為觀止。

當蔣夢麟與徐賢樂來往密切、擬訂鴛盟時，中央研究院院長胡適之以老友關係，致函蔣氏表示異議，勸他審慎為佳。理由是徐女士在對日抗戰時曾與軍界聞人楊杰成婚，繼因銀錢問題，終告仳離了。楊杰原係叱咤風雲，統兵出入戰傷的將領，且沒法駕馭徐賢樂而不得不讓其下堂別去，孟隣一介書生，年華老大，殊不宜與此曾經滄海的名女人結為伴侶。胡函又云：據聞徐女士要求孟隣付以二十萬元之訂婚費（徐則謂並無其事），無異買賣式婚姻，更為吾輩所不取；希望蔣氏慎思明辨，好自為之。然蔣其時正在熱愛時期，決不接受胡適的勸告，且吩咐自己的秘書，如再得胡院長來函，即付丙丁，不要送閱，以免徒亂人意，態度堅決若斯，別人自不便有所置喙了。

蔣、徐婚禮於民國五十年（一九六一年）七且十八日在台北舉行、證婚人係名律師端木愷，當然具備了法定的婚姻手續。禮成後，新人雙雙赴台中日月潭作蜜月旅行，下榻當地新建築的「教師會館」，不日即有蜚語流傳，謂蔣、徐新婚之夜，徐要求蔣須將其存儲國內和海外的私人款項開列清單交給她，方允合巹，確否不可知，然後來蔣、徐婚變的導火線，即為銀錢問題，卻屬事實。新婚經過了一年多的光陰，蔣氏於民國五十一年冬間，不慎跌斷了腿，入台北榮民總醫院施手術，徐女士亦在院服侍，並無異狀。迨是年陰曆臘月二十四日，徐氏託言回去作年餚，同時即將自己原在蔣家的戶口遷出，行李亦搬出蔣家，置於中央信託局她的舊有宿舍裡；徐係中信局職員，而蔣孟隣亦於徐賢樂未回醫院時，遷出病房，不知去向了。過了陰曆年後，即民國五十二年一月二十三日，蔣氏乃寫信一封，託由原證婚人端木愷律師交給徐女士，內容如次：

我與徐賢樂女士自民國五十年七月結婚以來，由於兩人的生活習慣思想志趣無一相同，相處逾久，隔閡逾深，此次折骨就醫，彼此意見更多不合。我為求寧靜的養息，深深地感覺不能再和她相處，經過很多天的考慮，決定分居，不再和她見面，這樣對雙方都比較有利。她在中央信託局的工作，始終沒法辭去，她的收入本來可以維持生活，但是我仍願盡我的責任，每月給她新台幣三千元。信託局配給她的宿舍，她沒有交還，當然可以搬回去住。我健康恢復以後，願以餘年全心全力的從事於農村工作及著述，我的飲食起居，我自己會得安排，我的財產我也會另行考慮適宜的處理，她都不必擔心。我請求當日參加我們婚禮的朋友們，將我這不可動搖的決定，鄭重轉告她。我很抱歉，在新年裡以家庭瑣事煩朋友，希望大家原諒我的苦衷，完成我的心願。

蔣夢麟　一月二十三日

徐女士接到此信後，因尋不到蔣氏的住所，無從面談，也沒法覆信，正在徬徨籌策之中，而蔣氏於二月八日又託端木律師，將他寫給端木愷的原函交與徐氏，原函云：

鑄秋先生大鑒：敬啟者，一月二十三日暨昨日函，想均已達覽，屢以家事相託，甚感不安。頃悉弟在大同製鋼公司之存款，其中A六三七二號新台幣五萬元；A七五〇二號新台幣四萬五千元；A八二二五號新台幣四萬元；A八九七〇號新台幣四萬元四筆（係徐女士擅自以徐賢樂名義存入），連同利息共一十九萬一千八百五十四元八角，於本月五日由徐女士強行領去（有大同公司交通銀行CA一八四三二八號支票乙紙，及經辦會計人員可資查詢。）查上述款項係弟與徐女士結婚以後所陸續親交者（包括本人之薪給二十八萬六千元，見附表及大同、嘉新、裕豐之存款一年半以來之利息，及大同之股息。）並非徐女士私人所有，何得擅自提出？弟於每次交款時，屢囑開列帳目清單，但徐女士均支吾以答，並言必不欺我。至今想來，徐女士實早有所企圖，用特即函。

台端，請代告徐女士五點：

一、請徐女士速將由大同領去之十九萬餘元，以本人名義存入大同。

二、大同、嘉新、裕豐之存款，一年半以來，利息若干，請其詳列清單。

三、大同之股票一年半以來股息若干，請其詳列清單。

四、所有存款之利息及股票之股息，連同本人交與之薪給共若干，其餘款何在？

五、限徐女士最短期內，將弟所託吾兄向其提出各問題逐一答覆。費神謝謝。

弟蔣夢麟敬啟　五十二年二月八日

綜觀蔣氏這兩封信的內容，鬧分居的真正原因，並非如第一次所謂生活習慣與思想志趣無一相同之故。蔣、徐二人在婚前過從匪伊朝夕，乃必然的事，蔣是久經世故的老年人，既要找女人結婚，決不會毫不偵查對方的生活習慣和其品性的大概情形如何，即盲目結合的。何況老友胡適之曾經致書勸阻，而蔣氏置之不顧，非與徐賢樂結褵不可呢！果如蔣氏第一函所云，雖青年小伙子亦不致輕率幼稚如此，把婚姻當作兒戲吧？第二次函述各節，才是使他跟徐氏感情破裂的基本因素。徐氏以四十零歲的人，下嫁七十多歲的老翁，唯物主義的成分最大，毫無疑問。所以，她一入蔣氏門中，即要掌握著蔣氏的財權，在蔣氏尚未折腿以前，早已密作部署，如上述私將蔣記存款與股票過戶之事，蔣氏諒已查覺，頗為寒心了，然猶忍隱未發，迨徐氏乘蔣臥病醫院時，潛將戶口遷出，並把行李搬回舊有的宿舍去，蔣乃認為恩斷義絕，無可再忍，經過至親好友的策劃，才毅然決然由原證婚人端木愷律師轉交徐氏兩件信札，但求分居而收回財權罷了。在徐氏方面，眼見蔣的病情不輕，唯恐望八之年的老夫，一旦撒手人間，她在蔣家的處境將更困難，為保持退路計，乃急急於爭取中信局宿舍，將行李搬回去，戶口亦從蔣家遷出，反正蔣的存款已轉入自己名下，萬一蔣病惡化，終於不起，她亦游刃自如，無所牽掛了。俗言「柴米夫妻」，蔣、徐的情形，確屬如此，其他的說法，都是遁詞而已。

徐賢樂堅不答應分居，要求與蔣面談，曾以長函覆蔣，聲明決不當面哭鬧。且承認曾在大同公司領了一筆存款，說是「農曆年底以前（按係指蔣跌斷腿入醫院這年）包圍你的人，利用你的名義，將保管箱暨各行號的存款一概凍結，並將股票登報聲明遺失，二個月來未給我分文生活費，並令農復會不許借車，使我不得不舉債度日，如我不將自己的存款提出，豈不是賠了夫人又折兵嗎？」這不啻是不打是招，證明蔣氏第二次函述存款被徐私自過戶一事，千真萬確，而徐氏何以願意下嫁七旬老翁的用心，亦昭然若揭了。

蔣孟隣以徐賢樂拒絕分居之議，深虞夜長夢多，後患無窮，一不做，二不休，乃向法院正式訴請離婚，並聘任與端木愷律師合夥營業的王善祥律師為辯護人，離婚的理由是「不堪徐氏虐待之苦」。繼又舉行新聞記者招待會，發表書面談話，記者問他以受徐氏虐待的事實怎樣？他答謂須到法院去說。他訂期招待記者的地點，亦臨時變換了三次，為的是害怕徐賢樂前來吵鬧，張皇幽渺，殊堪發噱。徐賢樂亦以〈我與蔣夢麟〉的題目，在報上發佈文字，否認她與蔣氏構成了離婚的條件，她認為蔣、徐除卻依照法定要件，正式結婚外，又將結婚證書向區公所登記戶口，相處了一年零七個月，並未發生口角是非。如果提起確認婚姻無效之訴，蔣孟隣便要觸犯刑法第二百十四條和二百二十九條的罪嫌，表示著不怕吃官司的態度。但她依然認定蔣氏對她採取決絕的作法，並非出自本意，而是受著旁人的包圍與挑撥。她所說的「旁人」，就是蔣氏女兒蔣燕華，因為徐氏曾將蔣燕華名義所買的股票和土地，皆過戶到徐賢樂名下了。據徐說，這是蔣孟隣教她這樣做的，而據蔣燕華對外聲明，那些股票和土地，原係她的繼母陶曾穀在世時，替她購買的。彼此各執一詞，不知孰是，蔣孟隣對此亦不作聲辯。於是乎蔣燕華亦向新聞記者發表談話，說她對於股票和土地的事，從來未過問，完全交給父親管理的。至於說她包圍、挑撥老父一節，更屬訛言，今天的社會，父母且管不了已成年的兒女之事了，作兒女的更不能、亦不便過問父親的私事啊！

雙方關係如此爭論訟駁，累月不休，蔣氏向法院訴請離婚案，法院始終未有受理的行動，大概按照純法律的觀點，蔣氏要求離婚的條件的似乎尚未具備，萬一女方依法反訴，勢將騎虎難下。蔣氏的本意但求與徐脫離關係，消除後患，銀錢上犧牲一些，並不在乎。仍由蔣方律師王善群從中奔走，對徐氏硬軟兼施，聲言若不就範，即將蔣氏手中保存著對徐氏大不利的證據，一齊公開出來，看誰吃虧？倘依協議方法，和平解決，則蔣氏前函所指大同、嘉新、裕豐各公司存款與股票的本利，皆可免予追究，一了百了，這樁因財失義的家庭糾紛，亦就藉著阿堵傳神之力，漫漫的消沉下去了。

當蔣、徐婚變事件鬧得最熱烈的時候，筆者曾在香港《自由報》上出過一首打油詩；台北《聯合報》亦加轉載，對蔣孟老不無緘貶之意，詩云：

聞道先生負舊盟，金錢為重美人輕，
徐娘解得夫妻味，從此蕭然抱獨身！

既而我到台北旅遊，婚變案尚在僵持爭執之中，一日晤及若干文化人。談到此案，大家對徐賢樂頗不同情，認為我那首打油詩，立意失之偏頗，他們擬製了一則下聯語句，罰我對出上聯，那下聯是：

徐娘半老，賢者亦樂此乎？

把徐賢樂女士的姓名皆嵌入，而又不露痕跡，亦甚幽默，我一時實在沒法交卷。次日告訴了老友梁寒操與最近在台逝世的詩人李漁叔，他二人的才思敏捷，立即作出上聯云：

蔣徑全荒，孟母難隣之矣！

按漢代名賢蔣詡，清譽遍聞遐邇，時人號其居處為「蔣徑」，示欽崇之意；三字經有「昔孟母，擇隣處」二語，蔣徑既告全荒，孟母當然不願擇為鄰居了。聯語亦嵌入孟鄰姓名，允稱佳構。

台灣社會人士，對於徐女士多有貶詞，說她過去跟楊杰將軍鬧翻，亦係為的金錢事件，於今蔣、徐婚變的真正原因，又是同樣問題，未免太那個了。當蔣孟鄰於民國五十年表示要續絃之際，除徐女士常出入蔣家或其辦公處外，另有若干時髦的女士小姐們亦相率與蔣接近，有人譴言她們都是志在「謀財害命」。蓋以蔣氏擔任農復會主任委員，月薪在美金千元以上，收入甚可觀。積蓄自不少，而其年齡已在七十以上了，老夫少妻朝夕相處，生命力自然相應降低，女方準可得到一筆遺產也。胡適之力勸蔣氏勿納狼虎之年的女人作繼配，用意即基於此。蔣氏當時不以胡的意見為然，後來鬧婚變時，乃對新聞記者說是「我對不起老朋友」，深表懺悔，果爾，婚變後不久，蔣氏就去世了！蔣既捐館，徐女士仍回中央信託局工作，就該局不表歡迎，予以停職，徐再三抗議亦無效果，但她在蔣氏門中亦已大有所獲，可謂收之桑榆了。

（選自《大人》第二十九期）

「人言可畏」阮玲玉

蝶衣

自殺合同．不祥預兆

阮玲玉，是電影史上著名的悲劇演員。在她的私生活裡，也同樣是一位悲劇人物。她初登銀幕，主演的影片是《掛名夫妻》。她自己的婚姻，從初嫁張達民到再嫁唐季珊，也都是掛名夫妻，並未正式舉行過婚禮。

民國二十四年的三八婦女節，阮玲玉為了逃避訟事的糾葛，留下了「人言可畏」的遺言而服毒自殺。奇怪的是：她曾在民國十八年參加過一部影片的拍攝工作，片名就叫做《自殺合同》。

在中國電影史上，第一名自殺的是艾霞，她死於民國二十三年，留下的沉痛之遺言曰：「黑暗的電影圈！」

阮玲玉死於次一年，是為了愛情而犧牲的第二個女明星。無疑地，她也是「自殺女明星」的前輩。

當阮玲玉的第一位情侶張達民，與第二位情侶唐季珊纏訟的時期，有關她與張、唐之間的桃色新聞，被當時的影劇刊物視作大好資料，〈阮玲玉遠避香港〉以及〈阮玲玉白痲子秘聞〉一類的記載不斷出現，字裡行間極盡繪影繪聲之能事，因之市井街坊與茶樓酒肆等公眾場合的好事之徒，無不拾取此項混淆視聽的新聞，作為說短道長的話題。

「人言可畏」再加上身處於訟案夾縫之中，阮玲玉無法解除精神上的痛苦，終於仰藥而死，在電影史上寫下了可悲的一頁。

小名鳳根・母為傭婦

阮玲玉，祖籍廣東省香山縣（民國十七年，西曆一九二八年改為中山縣。）左步頭鄉，清宣統元年（歲己酉，即西曆一九一〇年。）四月二十六日誕生於上海朱家木橋祥安里，小名鳳根。

父阮用榮，號帝朝，任職於上海浦東亞細亞火油棧的機器部。母何氏，於二十五歲的那一年生下玲玉。

民國四年（西曆一九一五年），阮玲玉六歲，全家由浦東的亞細亞火油棧工人住宅遷居到上海北四川路武昌路同仁里。

阮用榮積勞成疾，何氏經人引薦，入張姓人家當女傭，靠著一些微薄的工資，作為調治丈夫疾病的醫藥費；但阮用榮終於病入膏肓，不治去世，遺下妻女，成了寡鵠孤女。

何氏料理罷丈夫的喪事之後，繼續在張家當女傭，玲玉則寄養在何氏的義姊家裡。次年張家准何氏把女兒帶在身邊，玲玉便也住到了張家。

這個張家，就是後來阮玲玉的第一任情侶張達民的老家。

張家是個大家庭，張家兄弟共有十一人之多，其中較為人所習知的是張晴浦、惠民、慧沖、達民四兄弟。惠民、慧沖、達民是同一母親，此外都是同父異母。

在排行中，張達民是老七。

關於初戀・說法分歧

關於阮玲玉與張達民的結合，有兩種不同的傳說。

其一見之於公孫魯所著的《中國電影史話》第二集，有如下的記述：

> 民國十四年（西曆一九二五年），阮玲玉十六歲，在崇德女中就讀。童年時期的青梅竹馬之侶張達民，開始追求阮玲玉。

不久，玲玉輟學，與張達民結為夫婦，同居於北四川路的鴻慶坊。

其時，張家已家道中落，達民是位公子哥兒，不事生產。玲玉投考明星影片公司，幸被錄取榮任《掛名夫妻》一片的女主角。男主角是黃君甫與龔稼農，導演是卜萬蒼。

民國十六年遷居海寧路，她母親領養了一個被棄的女孩子，取名小玉，算作是玲玉的義女。

玲玉在這一年主演了《俠鳳奇緣》一片，第二女主角是毛劍佩，男主角是鄭逸生，由鄭正秋導演。

民國十七年主演《洛陽橋》，男主角是朱飛，由張石川導演。接著又與胡蝶、朱飛聯合主演《白雲塔》，是年阮玲玉是十九歲。

她與張達民的感情，這時已有了裂痕，兩年之中分居三次，玲玉曾服安眠藥自殺，送福民醫院急救後，得以復甦。經親友調解，再與張達民同居。

以上，指出了阮玲玉與張達民的結合，是在她進入電影界之前。

從影以後・賀者踵門

另一種說法，則見之於張或弛所作的〈阮玲玉的愛與恨〉一文，原載台北出版的《中外雜誌》第八卷第三期。

這位張彧弛先生，當年曾是阮玲玉的鄰居。阮玲玉考入明星公司，主演《掛名夫妻》的消息傳開之後，左鄰右舍成群結隊的跑到阮家去道賀，張彧弛也是踵門道賀者之一，他在文中有如下的描寫：

……當然，趁此機會我也參加了道賀的行列。這是我第一次，也是最後一次進入阮玲玉的香閨，她們家住的房子不壞，可是兩母女只租了其中很小的一間，室內陳設簡單，一床一桌一椅，如此而已！兩母女僅有的幾件衣裳，都用鐵釘掛在牆上。阮玲玉的母親一臉病容，嘴角掛著怯怯的笑，對於擠進擠出的道賀者，簡直不知如何應付才好。因為房裡沒有地方請客人坐，而且很顯然的茶水也不夠。阮玲玉呢？她默默的坐在床側，依然儘低著頭，憂思忡忡，好像眼前的熱鬧情景，跟她完全無關；當上了電影明星，就跟找到了普遍工作一般。

以上，是親歷其境的記述，應該是第一手的資料。而且，原文還記下了當時聽到的如下一番問答：

鄰居問：「妳是怎樣去拍影戲的？」

玲玉答：「考的。」

鄰居問：「妳怎樣曉得去考的？」

玲玉答：「看報。」

鄰居問：「當明星有幾多錢一個月？」

玲玉答：「還不知道。」

由於上述的情況可以知道：當時並沒有張達民同居在一起，而僅是何氏與阮玲玉母女二人相依為命。

汽車接送・情郎出現

張達民之出現，根據張彧弛的記述，是遠在阮玲玉陸續拍過了《俠鳳奇緣》、《洛陽橋》、《白雲塔》以後的事。

張彧弛文中提及當年目睹張達民出現，有「我是最先發現這件大事的人，鐵的事實，令我震驚到幾乎為之昏眩的程度」之緊張自供。

原文記述阮玲玉與張達民的交往經過，情況如下：

那一天，我清清楚楚的看見，阮玲玉從一部私家車中鑽身出來，她略帶不安的低著頭，飛快的向左右兩面看一眼，然後，就像逃跑似的奔入她家。

我被眼前的景象驚呆了！以至於那部私家車上坐的什麼人，以及它在何時開走？我都渾然毫無所覺。接著，從那一天開始，那部在當年上海都得算是豪華珍品的私家車，就不時的在我們附近露面。而且，由於我決心窺伺，居然也被我看到了車上的另外一位，那正是大名鼎鼎的富家公子張達民。

張達民也是廣東人，當年不過二十多歲，他們那座豪華的府邸，也在我們的附近。張達民的父親在上海經商多年，發了不少的財，在當年就已經有了將近百萬元的身家。張達民幾兄弟，一個個都是席豐履厚，養尊處優的公子哥兒，一個個都有自備汽車，健僕俊童，平時一擲千金，了無吝色。在上海遊樂場合，高級社交圈裡，正是無人不知、無人不曉的濶少。（中略）

張達民外貌帥，鈔票麥克麥克，又有自己駕駛的私家汽車，和顯赫的身世，優雅的風度和談吐，以及追求異性的高明手段，當年不過二十歲的阮玲玉，當然很難避過他的猛烈攻勢，起先是送她回家，其後按時接送，漸漸的張達民被阮玲玉帶到了家裡，親熱的喊她母親為「伯母」。

矛盾傳說・獲得統一

這第一手的資料，說明了張達民在追求阮玲玉之時，經常以汽車接送，該是無可置疑的事實。但，這卻與《中國電影史話》的記載完全不符。

此一矛盾，直到筆者訪問了當年明星影片公司的攝影師董克毅之後，才獲得解決。董克毅前輩證明：阮玲玉在投身電影圈之前，確已與張達民有了戀情，但二人並未結婚，因之也不住在一起。

張或弛之看到張達民出現，該是阮玲玉已與其母遷居於海寧路的時候。因為張家的住宅也是在海寧路，這一點是與張或弛的記述符合的。

至於直到阮玲玉成了電影明星之後，才看到張達民以汽車接送，可能中間有一段時期，恰當二人分居的階段。而張達民之重複出現，則正是二人言歸於好的當口。

因之，張或弛的記述雖是親眼目睹的第一手資料，但他卻不知阮母何氏曾是張家的女傭，也不知阮玲玉與張達民早在童年時期即已認識，有過一段少爺與丫環的戀情，因而有登堂認母的想當然耳之猜測。

比對之下，《中國電影史話》的記載，是較為可靠的。

滬戰發生．避難來港

此外，關於阮玲玉的從影過程，《中國電影史話》在述及她「再與張達民同居」之後，尚有較為具體的如下記敘：

民國十七年，阮玲玉在明星影片公司拍完了《白雲塔》以後，即轉投大中華百合影片公司，主演《珍珠冠》、《劫後孤鴻》、《情慾寶鑑》三片。

次年，連續擔任《銀幕之花》、《婦人心》、《九龍山》諸片的女主角。是年冬，又改投聯華影業公司，曾跟隨外景隊去往北平，拍攝《故都春夢》及《自殺合同》；前者由羅明佑編劇，孫瑜導演，林楚楚、王瑞麟主演，並無阮玲玉的戲，她只是隨隊觀摩性質；後者則拍了部分外景即半途而廢，不曾再拍下去。

民國十九年，阮玲玉先後主演《野草閒花》、《戀愛與義務》及《一剪梅》三片；曾到廣州攝取《一剪梅》的外景。

民國二十年，主演《桃花泣血記》、《玉堂春》。此年，張達民得阮玲玉之推薦，獲任上海光華大戲院經理。

次年，「一二八」事變發生，阮玲玉離滬避難，到了香港，旋赴澳門居住，至四月間又重回上海，向聯華影業公司報到。

由卜萬蒼導演，阮玲玉、林楚楚、陳燕燕、金燄主演的《續故都春夢》及《三個摩登女性》；費穆導演，阮玲玉、金燄主演的《城市之夜》；孫瑜導演，阮玲玉、黎莉莉、袁叢美、談瑛主演的《小玩意》；鄭基鐸導演，阮玲玉、張翼、何非光主演的《再會吧上海》；費穆導演，阮玲玉、高占非、黎鏗主演的《香雪海》；吳永剛導演，阮玲玉、黎鏗主演的《神女》；蔡楚生導演，阮玲玉、鄭君里、王乃東主演的《新女性》，都是阮玲玉重回上海以後的作品。

感情破裂・協議分居

阮玲玉與張達民之間，感情時好時壞，正式破裂則是在民國二十二年即西曆一九三三年，也就是胡蝶膺選為《電影皇后》的一年。

在阮玲玉回到上海，先後主演《續故都春夢》、《三個摩登女性》的期間，張達民已辭去光華大戲院經理之職，由阮玲玉推薦到聯華影業公司董事長何東那裡去，當上了「瑞安輪」的買辦。

民國二十二年的四月，張達民聽到了有關阮玲玉的流言，放棄了「瑞安輪」買辦的職務，由福建趕回上海，與阮玲玉發生了一場極尖銳的衝突。後經伍澄宇律師居間調停，終於辦妥了離異手續，雙方簽字，正式分居；但由於阮玲玉的思想保守，害怕張揚，這一件事對外並未宣布。

此後，阮玲玉成了「中國茶葉公司」經理唐季珊的情婦，唐季珊出入社交酬酢之場，經常臂挽著這位著名的銀幕悲旦，與賓客們相周旋；他們的由戀愛而同居，成為一項公開的事實。但，張達民與阮玲玉之間的糾葛，卻並未因離異而終結。張達民眼看著自己的愛侶投入了他人懷抱，心中忿忿不平，唯一的洩憤方法便是向阮玲玉找麻煩；這與張達民經濟情況的不佳，當然也有很大的關連。

從民國二十一年四月由澳門回到上海，阮玲玉曾數度遷居。

起先，她住在靜安別墅，旋遷居於蒲石路餘得坊，十二月又遷居於餘慶坊，次年再遷大勝胡同。張達民由福建回到上海，與阮玲玉辦理離異手續，就在她住在大勝胡同的時候。

到了民國二十三年，又遷居於沁園村。這樣的遷徙不定，不外是為了逃避張達民的糾纏；她的內心之痛苦，也就由此可知。

整頓風氣‧遭受歧視

二十年代的上海電影界，風氣還相當保守。阮玲玉所隸屬的聯華影業公司，曾於民國二十三年間以「整頓影壇風氣」為口號，此一口號本為針對演員們亂攪男女關係而發。不幸的是阮玲玉恰於此際，捲入了三角的漩渦，公司當局不知道她與張達民已辦過離異手續，對於她的與唐季珊同居一事，遂亦深致不滿。那時雖還沒有「鬥爭」、「清算」一類的名詞，但無形中已將阮玲玉列為歧視的對象。

因之，在阮玲玉主演過《香雪海》、《再會吧上海》、《神女》、《新女性》四片之後，公司方面鑑於她心神不屬，便暫時將她「冷藏」起來，不再派戲給她主演，使她的銀色生命再度遇到了挫折。

到了民國二十四年，聯華影業公司主持人才逐漸暸解阮玲玉的處境，為了寄予同情，方始宣告解凍，繼續請她主演《國風》一片；但片未攝製完成，阮玲玉便自殺身亡了。

報名應徵・幸被錄取

玩玲玉在人世間，只活了短短的二十六年。泣血桃花，命薄如紙；自殺之訊傳出後，聞者無不同聲悲悼，認為是電影界的一大損失。

她的由投考而躍登銀幕，也有一些經歷和不少珍屑可記。

民國十五年的初春季節，明星影片公司籌備拍攝《掛名夫妻》一片，曾在報上刊登招請女主角的廣告。當天就有一位淡妝素服的少女，由她的母親陪同著，進入明星影片公司導演科的辦公室，含羞帶怯地報名應徵。

當時在場者，有《掛名夫妻》的導演卜萬蒼、助理導演湯傑、攝影師董克毅、劇務兼場記葉良德。

這一位少女，是報名應徵的第一人。導演卜萬蒼見她在清秀脫俗之中兼具有憂鬱的氣質，對她已特別注意。但在當時不過循例略問她的家庭情況及個人旨趣，並未正式舉行口試。這個少女在留下了她的姓名地址之後，即偕母離去。

她之被錄取，是在第二次經過決定性的面試之後。負責主考的卜萬蒼見她應對得體，直覺地認為她是一個「難得的悲劇演員」，於是她便幸運地給選中了。

這一位少女，就是乳名鳳根的阮玲玉。

初上鏡頭・手足無措

阮玲玉雖被錄取，一步登天地當上了《掛名夫妻》的女主角，但究因未經訓練，初次上鏡之日不免有些怯場，以致險些功虧一簣，失去了登上銀幕的大好機會。

關於《掛名夫妻》正式開拍的經過，前輩名演員兼《掛名夫妻》男主角之一的龔稼農，在他所著的《從影回憶錄》一書中，對當時情況曾有如下的記述：

> 記得開拍的第一天，第一場戲是阮玲玉和她的胖子丈夫黃君甫在客廳裡閒談的戲。如已經驗豐富的演員來演，那是輕而易舉的事。可是初臨攝影場的阮玲玉，卻僵得手足無措，以後連續幾場戲都是如此。導演卜萬蒼幾乎懷疑自己看走了眼，氣得宣布停拍，準

備另換角色。就在此時，湯傑忽然靈機一動，建議先拍胖子丈夫黃君甫死後，阮玲玉在靈前披蔴守孝一場，以激發她的情感；並願先指導排演至成熟為止。卜導演接受了此一建議，也是抱著再試試看的心情。畢竟阮玲玉是個具有大智慧的人，這一次戲試排幾次以後，正式開拍的成績，使卜導演高興得竟把劇本拋在高空，大呼天才！

銀色生涯・歷程多艱

阮玲玉一片成名，此後她的銀色生涯並非一帆風順，事實上還曾經過了幾番波折與磨練，始能真正的在影壇上嶄露頭角。

繼《掛名夫妻》一片之後，阮玲玉又連續主演了《俠鳳奇緣》、《洛陽橋》兩片，由於影片本身格調不高，未能顯出阮玲玉的長才。

最不幸的是：由於拍攝《洛陽橋》一片，使阮玲玉與男主角朱飛，彼此之間有了經常接近的機會，以致發生了情愫，同時也影響了工作。使本來痛惡朱飛的導演張石川，因此而遷怒於阮。之後她與胡蝶、朱飛聯合主演《白雲塔》，此時朱飛又捨阮而接近胡蝶；阮玲玉不免因此而大鬧情緒，拍戲之時常有神思不屬的情況，於是更引起了張石川對她的不滿；《白雲塔》的演員名次，阮玲玉即被貶而排列於朱飛之後，她的情緒由是而更形低落。

接著《梅林緣》一片開拍，阮玲玉工作態度逐漸反常；有一天竟與朱飛在攝影棚裡口角起來。張石川眼見鬧得太不像話，把朱飛訓斥了一頓；《梅林緣》亦因此而停拍。

自此之後，阮玲玉即被「雪藏」，不再有拍戲的機會，不久終於與公司解約，轉入了大中華百合影片公司。

銀色生涯幸得恢復，但她所主演的《珍珠冠》、《劫後孤鴻》、《情慾寶鑑》諸片，票房紀錄平平，並未能帶給她多大的榮譽。

直到聯華影業公司異軍突起，開始網羅群英，阮玲玉亦脫離「大中華百合」，轉投「聯華」陣營，她的潛質方始獲得充分的發揮。

「聯華」的第二部出品《野草閒花》，由孫瑜負責編導，起用南國劇社出身的金燄（原名金德麟，韓國人而生長於中國。）擔任男主角，與阮玲玉拍檔演出。阮玲玉憑此一片而大露鋒芒，大獲好評，使她在頃刻之間走上了成功之路，成為胡蝶之外另一位贏得千千萬萬影迷的崇拜的銀幕偶像。

鈔票掛帥・茶商進攻

惜乎在阮玲玉的生命史中，先後闖進了兩位戀愛剋星，一位的舊日的小主人，破落戶子弟張達民；另一位就是社交場中的「玩家」，粵籍茶商唐季珊。

張達民以舊日小主人的資格，取去了阮玲玉的初戀，製造了少爺與丫環之愛；最後是凶終隙末，辦妥了離異手續而勞燕分飛。繼之，唐季珊卻以洋場豪客的身分乘虛而入，利用「鈔票掛帥」而獵取阮玲玉的芳心，成了阮的第二任情夫。

唐季珊一生玩弄過兩位大名鼎鼎的電影女明星，後期是阮玲玉，早期則是張織雲。

張織雲最初隸屬於明星影片公司旗下，其人貌豔如花，在早年上海電影圈中一時無兩，因之才登銀幕即成為聲名藉藉的大牌明星。她所主演的《可憐的閨女》、《新人的家庭》及《空谷蘭》諸片，當年都是相當轟動的賣座鉅片。

同一時期，在明星影片公司擔任攝影工作的卜萬蒼，正是個體格健壯的活躍青年。初立水銀燈下的張織雲，對攝影師之擺弄鏡頭，控制著演員的美醜關鍵，在有限的常識範圍內，不無崇敬之感；再加上工作過程中的多方協助，使張織雲更為之芳心暗許，於是不久便由攝影場上的同事，進展而成為閨中的膩友。其時，張織雲是二十一歲，卜萬蒼是二十七歲。

接一連二．橫刀奪愛

唐季珊從卜萬蒼的手中搶走了張織雲，他之玩弄張織雲，是橫刀奪愛的第一階段。之後玩膩了張織雲並拋棄了張織雲，便又以同樣手法，從張達民的手中搶走了阮玲玉，成為他橫刀奪愛的第二階段。

無巧不成書的是：唐季珊橫刀奪愛的獵獲物，都與卜萬蒼有關；張織雲是卜萬蒼的情侶，而阮玲玉則是卜萬蒼所發掘的天才女演員。

阮玲玉的情侶張達民，不像卜萬蒼那樣的豁達；他與阮玲玉在伍澄宇律師的調解之下，雖已簽署了離異的契約，但還是心有不甘而時時向阮玲玉糾纏，最後甚至列唐季珊為被告，向法院提出了「妨害家庭」的控訴。

為了顏面有關，弱不禁風的阮玲玉羞於出庭作證，她在痛苦無法解除的情況之下，傷心失望地走上了死亡之路，成了電影女演員中繼艾霞之後自殺的第二人。

阮玲玉一生命途多舛，民國元年她三歲，曾患急驚風症，母何氏為之延醫，忽忙中由電車躍下，折肱，尋癒。民國四年喪父，母入張家為傭，寄養玲玉於義姊家中；玲玉大病，醫治歷時二月始痊。民國五年，玲玉七歲，助母為傭、患喉症。次年八歲，入私塾讀書，學名阮玉英，出疹，再患喉症。又次年九歲，入崇德女校肄業，喉症未癒。民國八年，玲玉十歲，累年病苦，至是始漸恢復健康。

為了病中曾許願心，民國十六年曾隨母至普陀山進香禮佛，是年玲玉十八歲，已被明星影片公司錄取，主演《掛名夫妻》、《北京楊貴妃》（與楊耐梅合演，由鄭正秋導演）、《血淚碑》等片。

民國十七年在明星公司演《洛陽橋》、《白雲塔》，繼轉入「大中華百合」，已如前述。

民國十八年，阮玲玉二十歲，在大中華演《銀幕之花》、《婦人心》、《九龍山》三片，是年入聯華拍《自殺合同》、《故都春夢》。

民國十九年。演《野草閒花》、《戀愛與義》、《一剪梅》。《一剪梅》是專程來香港廣州兩地拍攝的。

民國二十年，演《桃花泣血記》、《玉堂春》兩片。

民國二十一年，演《續故都春夢》、《三個摩登女性》、《城市之夜》。《三個摩登女性》中，他演一個電話接線生，還有兩個女性是陳燕燕和黎灼灼。

民國二十二年，演《小玩意》、《人生》、《歸來》。

民國二十三年，演《香雪海》、《再會吧上海》、《新女性》。

民國二十四年，也就是她死的那年，演了一部《國風》，這就是她的最後作品了。

玲玉體質素弱，玉骨珊珊，望之不盈一握。唐季珊之撇開張織雲而追逐阮玲玉，是因為張織雲已「美人遲暮」，風采漸不如昔，而阮玲玉則正在得時當令，紅得發紫的期間。

其實阮玲玉縱不自殺，過後紅顏漸老，恩情必斷，她也會備受折磨而損其天年的。她之命途多舛，在髫齡時就早已開始了。

吻頰告別．死意已決

民國二十四年三月七日晚上，金燄、王人美夫婦知道阮玲玉心緒欠佳，對她的遭遇深表同情，特地邀請她到家便飯，在座者還有小明星黎鏗，以及其他幾位女演員。

席間，主人出酒饗客，共謀一醉。阮玲玉小飲數杯之後，神態已有點失常，除了縱聲談笑，略無拘忌之外，又遍吻在座女演員之粉頰，顯示了依依惜別之意；最後，她不勝感慨地說：「天下沒有不散的筵席，我要走了！失陪了！」

當晚，阮玲玉回到新聞路沁園邨寓所，即吞服大量安眠藥片，就床著枕，以待死神之降臨。這一晚，唐季姍並沒有陪同阮玲玉尋夢，他是否又有了新歡？無人知道。

次日是三八婦女節，阮玲玉服毒自殺的噩耗傳出，她在三月九日法院開庭的前夕，便逃避了沒有勇氣面對的現實，悄悄地離開了人世。而金燄、王人美亦恍然於阮玲玉之吻頰告別，並作「失陪」之語，其時已萌短見了。

龔稼農在《從影回憶錄》第三集第二一四章〈一代藝人香消玉殞〉篇中作如下之結論曰：

阮玲玉之死，固因張達民的唐季珊與爭訟，製造給專以內幕桃色新聞的雜誌報紙以材料；但這一類刊物的誇大渲染，且極不公平的指責阮的言論，混淆視聽，歪曲是非，使道德觀念濃厚的保守社會中的影迷，不諒其心目中偶像的「先張後唐」行為，亦隨桃色新聞的不實報導，同聲指責，形成四面楚歌之勢。試想珍惜歷盡艱苦換來盛譽的阮，其內心痛苦是不難想象的。自殺雖是逃避現實之策，但「人言可畏」的遺言，卻可說是對她不公平輿論的抗議。

銅棺一口‧玉人長眠

阮玲玉的遺體移置萬國殯儀館，每日前弔唁者往絡繹不絕，幾於戶限為穿。膠州路上人群往返，出現了前所未有的擁塞情況。英租界捕房為此特地派出了大批巡捕，到場維持秩序，以防發生意外。

銅棺一口，作了阮玲玉最後長眠的道具，「情場高手」唐季珊用金錢彌補他的衷心之內疚，除了厚殮死者以外，並在各報刊出了「訃告」。出殯之日，行列長達十里，影迷們甚至有遠從南京、杭州趕到上海參加執紼的，場面十分感人，可說是備極哀榮。

由於彗星殞落的損失無可補償，輿論界一致發出了讚美、歌頌之聲，昔日的訾議立即變成了「苦悶的象徵」之解釋。彷彿張、唐爭訟時的阮玲玉，還是一個罪人；自殺以後的阮玲玉，則已成為聖女了。

吳稚暉先生在《新上下古今談》一書中論及此事，曾說：「聽說有位影星阮玲玉，為婚姻問題服毒自殺，轟動一時。我覺得她的死，有文學意味。社會上生前指摘，死後同情，矛盾得很。正和《三娘教子》劇中王春娥對她兒子倚哥說：『話倒是兩句好話，可惜講遲了！』」也不失為耐人尋味的一針見血之談。

商人術士・大做廣告

阮玲玉一死，影片公司為了迎合影迷們的悼念，乘機推出她的生前作品，在各戲院一映再映。此外有部分商人及江湖術士，亦利用阮玲玉之死大做廣告。

聯華影業公司的《香雪海》一片，是阮玲玉的成名作之一，外景攝自杭州超山的一處梅林。此片推出重映時，一家食品公司在銀幕廣告中附帶宣傳，有如下之妙語曰：「阮女士香消玉殞，梅林正欣欣向榮，陳皮梅源源出貨，甘美碩大，吾人為紀念此一代藝人，不得不食陳皮梅。」

「葫蘆神卜」嚴芙蓀，於報端刊載廣告，作如下之宣布曰：「電影明星阮玲玉女士與張達民訟案，引起各方關切，阮之親友李君在占葫蘆測字，搖出『禾』、『尹』二字，叩詢三月九日開庭情形，阮是否出庭？『葫蘆神卜』者斷說：『禾』字為無口可和，而『尹』字象影為伊人不見；再加以剖析，赫然一屍，凶機畢現。李君聞斷，咋舌而退。至翌日而阮竟以自殺聞矣，可謂斷藝如神了！」

是誰之過・影片作結

大約在一九三八年間，也就是阮玲玉死後的第三年，張達民曾在香港自編自演，拍過一部電影，片名《誰之過》。

這是一部影射阮玲玉之死，兼為自己洗刷罪名的作品，由楊工良導演，張達民自任男主角，女主角是譚玉蘭。

《誰之過》攝竣後，排在新世界戲院公映，由於大家知道這是一部以阮玲玉的三角戀愛史為題材的影片，因之售座情況亦頗不惡。

香港，曾一度是阮玲玉的避難之地，最後則她的首任情夫張達民，又來到這裡拍了這麼一套「牽死人頭皮」的電影。阮玲玉與香港也可以說是有緣的了！

（選自《大人》第十五、十六期）

哈同花園形形色色

龐貫青

將近四十年以前的一九三一年，上海發生過一件中國東南各省的大事，那就是猶太富翁哈同死後的喪禮，那時候的風氣，一個人死後，除了殯殮之外，必要請和尚道士大做佛事，還要挑「黃道吉日」，設奠開喪。普通人家，尚且不免要熱鬧一番。親友們得送禮致賻，屆時到喪家酒食爭逐。逢到死者是高壽老人，還要掛紅結綵，好像辦喜事般的熱鬧幾天。像哈同那樣的身家，豈有不大事鋪張之理？

辦喪事既奇又濶

哈同生前住的「愛儷園」，俗稱「哈同花園」，除了主婦羅迦陵以外，人才也不少。其中一位姬覺彌，更是傑出之才，少不得對主人的喪事要一顯身手，當時靈機一動，計上心來。第一個原則要奇，要做別人做不到的事。第二個原則要濶，場面越大越好。好在吝嗇的主人翁早已作不得主意了！姬覺彌主張既定，自有一班門下清客阿諛獻策。

離「黃道吉日」還有二個月，愛儷園裡早已忙成一片。在儀節中有二項大事需要準備一定時間去張羅的：一件是在愛儷園大門前靜安寺路上搭彩牌樓和布置一條甬道，在東首近西摩路口，搭建一座東轅門，西首近哈同路口，搭建一座西轅門。在兩座轅門之間，把靜安寺路攔入喪家作為致唁的進門甬道，把交通要道，攔作私人用途，往來車輛，必須繞道而行。以前做大官的人家逢到婚喪，在地方上搭轅門也不是隨隨便便的事，多少還得和地方官員打通關節，至於在上海租界上要在通行的主要幹路上搭牌樓，臨時改變行車路線，那簡直是空前創舉。但憑著哈同生前的勢，身後的財，理想居然成為事實。東西轅門輝映通衢，各種旗幟隨風飄揚，那條甬道上，上面用竹架鋪蘆蓆作頂，兩旁用黃布幔圍繞，走進裡面，在感覺上已是愛儷園的一部分。那些用來圍繞的布疋，做幾百套衣服，綽綽有餘。就憑這些排場，轟動全上海。還未到吉日，來瞧熱鬧的，已是人山人海。逢人當作奇聞，說長道短。從內地乘了火車輪船專誠來觀光的，亦著實不少。

請狀元抬高身價

第二件事，姬覺彌主張以中國儀式來殯葬哈同，這個意見得到羅迦陵的讚許。姬覺彌平時喜歡結交官場中人，但想自己終究沒有功名，何不趁此機會，借死人的光，顯炫自己的手面。

表面上算是光耀園主人的門楣，祭以公侯之禮。他打算把清朝遺留下來的狀元、榜眼、探花統統請來，為哈同題主，他自己當主祭。這樣一來，自己的身價無形中抬高了。

當時愛儷園裡供奉著的文人卻也不少。如鄭沅、藍雲屏、夏壽田等，都是遜清遺老翰林學士。夏壽田是戊戌榜眼，鄭沅是甲午探花、獨缺狀元。其時末代甲辰科狀元劉春霖碩果僅存，在北京作寓公。姬覺彌便派專人到北京去，厚幣邀請，於是劉春霖乘車南下，姬派了大員，到北火車站迎接。同時還請了留居上海的張啟後。張原是甲辰傳臚，這樣一來，三鼎甲齊了，傳臚也有了。正所謂角色全備，搭配整齊。為了壯聲勢，還在園門口大牆上張貼黃榜：「仰各式人等一體知悉。」

設奠之期到了，隔夜是家祭，以後是題主進祠等，依照預定節目，順利進行。當時凡是和愛儷園中有些瓜葛的人，千方百計，都要走門路去觀光一下。的確，像那樣輝煌的陳設，古老的儀注，在民國時代，正是出了錢也看不到的。

姬覺彌亡命東北

姬覺彌本姓潘，江蘇省徐州府睢寧人，幼時為人放牛，頗知讀書識字，亦曾附讀於就近人家的私塾。從小就長得精壯結實，有一次為了一頭牛被一個小伙伴撞傷了，雙方就動起武來。姬覺彌用力過大，那孩子被打得昏倒地下，姬覺彌以為出了人命，不敢回家，於是離家出走，竟亡命到了關外。這一下可苦了他，身上沒有錢，挨凍受餓，還怕有人追趕。出關之後，正逢大熱天，在烈日之下，奔走了一整天，好不容易尋到一所破廟，進去一看，只剩下一具破殘不堪的棺材。實在疲累不堪，就在棺材蓋上躺下，不久呼呼入睡。偏偏就從這一夜起下了整整兩天傾盆大雨，把北方龜裂的土氣蒸發起來。你想姬覺彌以累乏不堪的身體，加以飢餓交迫怎能擋得住外來暑氣的侵襲，就此發生高燒，動彈不得。總算命不該絕，正在奄奄一息之際，來了一個當地人，開旅店的，把他救了回去，留在店裡，替他請醫診治，好不容易救活過來。病後滿身發了大瘡，生膿出血，過了很長日子，方始遏住，可是還免不了將來要復發。據那位大夫講這是因為他睡在那具破棺材蓋上，地上暑熱之毒，附帶屍骨和朽木腐敗之毒，一起攻入肌理，就不容易清泄，能免一死，已屬萬幸。到姬覺彌發跡之後，這皮膚病老不脫體，請了許多名醫專家，亦說不出所以然。有的講是大瘡，有的講是頑癬，不管怎樣，反正始終沒有把它治好。

等到姬覺彌病體全癒，可以行動之時，又虧那位古道熱腸的店主人，輾轉請託，把他介紹給上海一所寺院裡的方丈，請這位大法師，在熟識的施主面前引薦引薦，博個安身之處。這位方丈人頭很熟，羅迦陵是佛門弟子，等到方丈一開口，看在和尚份上一口應允。哈同是十分尊重闓令的，就同意把姬覺彌安插在哈同公館充當一名執事。姬覺彌的名字就在那時題的，人家都以為他是還俗的和尚，其實他從未出過家呀！

愛儷園獨特名畫

姬覺彌進哈同公館不久，憑他一些小聰明，鑑貌辨色，把羅迦陵伺候得稱心滿意，另眼相看。不消幾年功夫，便和哈同夫婦成為莫逆之交，還和羅迦陵義結金蘭，從此姬覺彌平地一聲雷，當了哈同洋行的總經理和哈同公館的大總管。不論錢財進出，人員升絀，都要經過他的同意。

在愛儷園裡的客廳和主人臥室裡，到處掛著哈同、羅迦陵、姬覺彌的相片。一般都是油畫，幅式很大，有的地方亦有只掛一個人的。譬如表面是羅迦陵一人的巨像；但畫裡還有一個祕密。從正面看固然是羅迦陵，從畫像的右方看過去，卻是哈同的像；再從左面看過去，又成為姬覺彌的像了。這種三位一體的三面畫，是一位程鏗畫師的傑作，稱得上是生面別開、匠心獨運。程畫師這一傑作，頗得三位畫中人的賞識，撈到不少豐厚的酬筆。追本窮源，總不能不對哈同的氣度，加以欽佩。凡是出入於愛儷園的熟客，都懂得從三種不同的角度去欣賞這幅畫像的。

凡是老上海，都知道哈同是英籍的猶太人，名歐司愛，他在一八七四年二十三歲時從印度經香港去上海，最初在一家老猶太沙遜洋行當司閽，後來升小職員，逐步向上爬，轉入新沙遜洋行當協理。想不到他不久之後，成為上海地產霸王之一，幾乎與沙遜分庭抗禮。據說：哈同開始就利用外僑的勢力，以販賣煙土起家致富。一九〇一年，獨資開設哈同洋行，專做地產，地產亦是土，可以說哈同與土有緣。那時候的上海灘像南京路、愛多亞路等交通要道，原是黃浦江的支流。待填平以後，兩旁還是農田，地價不高。哈同所收地皮，集中在南京路一帶。在最高峰時期，從四川路口起一直向西到西藏路為止，靠南一邊，十之六七為哈同所有。市面日趨繁榮，地價上漲，獲利奚止千倍。哈同在買到地皮之後，就向銀行做押款，拿現金再去買第二塊，如此循環周轉，越滾越大。任何一個初開發的地區，市面正在不斷繁榮時，這種做法，很合發財理想。但萬一遇到經濟不景氣時，物價下跌，這些龐大的地產，反而成了累贅，尾大不掉，到期銀行催贖，無可應付，甚至利息都付不出。哈同就嘗到這不景氣的打擊，有過一個時期，幾乎破產。幸虧地皮多，賣出幾塊，方才轉危為安。

羅迦陵七巧生日

哈同在老沙遜洋行當司閽時，無意中結識了羅迦陵，她是上海土著，家住城內老西門內夢花街。有人說她是賣花女，也有人說她是縫裙婦，傳說不一。他們結合以後，哈同財源廣進，羅迦陵自稱是七月初七七巧日誕生，算命先生說她是「天巧星」，有幫夫運。綜哈同一生，對羅迦陵百依百順，死前遺囑把一切財產權全部歸屬羅迦陵，伉儷情深，於此可證。

哈同早有打算在市區西段，經營一所花園住宅，經過多年心血，總算如願以償。在靜安古寺之東，集中收買到二百幾十畝地皮，南至福煦路，北至靜安寺路，東至西摩路，西至哈同路稍西。哈同路的地皮，原在此二百多畝中的，為了把花園和外面分隔開，就闢出一條馬路，獻給工部局，就取名哈同路，路的西面還有餘地，後來又造了很多弄堂房子。

猶太人的聚斂本領，早就名震全球，他這樣大方地肯把一大塊地皮開闢馬路，是有他的算盤的。因為當初這個地段還不熱鬧，他的地產既多，必須使交通方便，地價才能上漲，因此凡是經營地產的，有大塊地皮在手上的，必用這種手法，把地段分成若干小塊，割開部分，闢為馬路，繁榮可期，坐收盈利。況且他現在錢是有了，但他終究是猶太血統，向被正統的英國人瞧不起，於是他就用這一石二鳥的方法，先向工部局討好一下。

南京路哈同修建

為了想擠入縉紳之列，他的第二步就是向工部局報效修建南京路，路中心全部用硬木塊砌成，這筆錢比開闢哈同路的地皮還要多。有志竟成，從一八九七年起就獲得了公共租界工部局董事一席。以一個猶太人，居然穿起大禮服，坐了第四號汽車，出席董事會，在守舊的英國人目中看來，真是異數。他的汽車，司機和主人前後車廂有玻璃隔開，車頂四周有幾寸高的雕花銅欄杆，路人見者，都笑說哈同的汽車，有屋頂花園。

哈同把這塊住宅地劃出一百七十一畝，於一九〇九年開始，其時為宣統元年，建築他們的花園住宅。其時有位姓黃的佛門子弟，佛號烏目山僧，曾到過日本，對於園林布置，頗有經驗，就有人介紹給羅迦陵，羅尊黃為老師，後一輩人都稱黃為太老師而不名。從此烏目山僧精心擘劃，把園中一丘一壑，布置得相當得體。大門開在靜安寺路，兩扇大鐵門，金碧輝煌，上面用漢隸題著「愛儷園」三字。園內亭、台、樓、閣，應有盡有。最好去處為「大好河山」，後面有一方大草坪，再過去便是內宅。內宅佔地頗廣，除了正中一座為哈同羅迦陵燕居之所外，左側一列，有好幾座大廳堂，規模氣派，相當崇偉。有一座「戩壽堂」，那是一顆印的格局，對正大廳，隔了大天井，有一座戲台，形式仿照北京頤和園的小戲台，兩旁廊房，就是愛儷園各管理部門的辦公處。園內靠右的一邊，蓋了許多古式房子。有的曲徑通幽，紅樓獨峙，有的垂柳絲絲，籬門半掩。雖不及曹雪芹筆下大觀園的深邃奧妙，卻也具體而微，在上海可算是首屈一指了。在這些屋子裡居住的有哈同和羅迦陵的養子養女，有帶髮的尼姑，光頭的和尚，也有受過宮刑的太監，還有一所大學，形形色色，蔚為大觀。

如此大好園林，卻有件美中不足的事。原來在花園的南部，有一塊私人墳地，是一位張姓的墳墓。任憑你哈同出多少代價，總是不肯遷讓，姓張的原來是上海本地人也是鄉紳人家，若要仗勢力欺壓他們，亦無可能，只能由它留著，還須為它在南邊開扇小門，容張氏子孫春秋祭掃出入之用。

為了這個問題，使烏木山僧下筆構圖之時，不免感到遺憾。想不到張氏故墓巍然無恙，而這位老名士，倒被後來居上的姬覺彌排擠出園。烏木山僧計畫建園，原出於志趣相投，等到姬覺彌得勢，烏木山僧就被擯出園，姬覺彌也就順理成章的變成愛儷園的開國元勛了！

乏後嗣廣蓄子女

哈同發跡之後，膝下猶虛。聽說在別的國家，還有幾個姪子，他總希望自己生個一男半女，一則可續香菸，二則偌大家私，有人承受。無奈羅迦陵命官中有的是幫夫之運，卻乏宜男之相。因與羅迦陵商量，想收養孩子。大凡螟蛉子女的，明知別人家的孩子，不屬自己的血脈，但總以為從小撫養，比起隔房子姪親近而有良心，這也是人們普遍心理。誰知哈同一死，那幾個子姪，居然不遠千里而來，要承繼遺產。弄得羅迦陵和二個外籍法律保護人，全力應付，鬧得焦頭爛額，最後還是被這幾個子姪弄了不少錢去。

哈同夫婦開始時的確為了子嗣，到後來竟至成為習慣，前後一共收了二十個男女。其中十個是中國孩子，六個義子、三個義女、一個義孫，一律姓羅。十個是外籍孩子，男女各半，一律姓哈同。老兩口子倒也愛如己出，撫養長大。好得愛儷園地方寬敞，這樣一來，平添不少熱鬧，讀書餘暇，還要學唱戲，教戲的老師程毓章，是麒麟童的徒弟，琴師即是現在此間的馮鶴亭。

哈同無嗣，一生不曾納妾，羅迦陵自己乏後，卻不許姬覺彌有家室。姬覺彌自號佛陀，到底不曾受戒，所以就瞞住了羅迦陵，在愛儷園附近開闢了二個公館。先進門一位是北方人風塵女子，姓趙。後進門的是南邊人，姓王。二人都不是明媒正娶，少不得還要經常鬧鬧醋勁，爭個大小。姓趙的總說先進廟門三日大；姓王的則說自己是良家出身，姬覺彌難為左右袒，周旋其間，著實吃力。

西太后召見進宮

前清慈禧太后在位時，聽說上海有這麼一對哈同夫婦，一時興起，想見見羅迦陵。但羅既非外交官員的眷屬，又不是朝廷命婦，貿然召見，於禮不合。那知這一消息傳進羅迦陵耳中，受寵若驚，認為若有機會覲見當朝太后，這份恩典，比天還厚。覲見之後倘能得些好處，亦未可知。那麼身後在訃聞上也可記上一筆：「某年某月曾蒙孝欽皇太后召見，恩賜……」豈不榮耀。後來經過岑西林的夤緣進言，居然如願以償，用了救災捐款大慈善家的名義，太后特旨召見，確是一代異數。此事在慈禧無非是一時好奇，而在羅迦陵卻因此一遭，生活習慣起了很大的影響。

羅迦陵進宮以後，不消說得大大擴展了眼界。特別引起她興趣的，是宮庭生活的豪華氣派。她頗為後悔自己在進宮以前，錯過不少享受。此時，愛儷園正在準備建設，她和姬覺彌商量之下，預先訂妥一些辦法，以備愛儷園建成以後實行。他們擬出幾項措施，不但駭俗，而且驚世，不妨也記下一筆。

上尊號效法皇室

第一，是為羅迦陵上尊號，選定「慈淑」二字。至於慈在哪裡，淑在何處，都不必研究。後來哈同房產出現不少慈字排行的里弄，像慈惠、慈厚、慈昌等等，在南京路上還有慈淑大樓，與哈同大樓、迦陵大樓鼎足而三，就是這個出典。

第二，定出一些禮節，規定子女兒媳，當差婢僕，見主人一律半跪打千。每早按時到上房請安，夜間散值辭別，都要行打千之禮。

第三，宮庭裡有三宮六院，愛儷園當然不能。可是和尚尼姑卻不少，撥出幾所房子，作為家廟，去弄一批非僧非道之流，點綴點綴。

第四，愛儷園比不得大內，可不能設翰林院，但是聘幾位太史公充子弟西席，卻未始不可。我在前面提過鄭沅、夏壽田、藍雲屏等，都先後榮任慈淑夫人的侍讀學士。逢到迦陵大壽，覺彌稱觴，太史公吟哦揮毫，大獻身手。等到哈同喪禮時，台銜重登黃榜，更是百年難逢的際遇。哈同的墳墓通體用大理石建成，所有墓誌銘，事略，大都是這幾位太史公恭撰謹書，還有拓本，流傳墨林。平日無事，就為園內廳堂樓閣，寫繪窗格，給園林生色不少。

第五，園內自辦一所大學，以「博古通今」的姬覺彌充校長，校名倉聖明智大學，專教古典文學與古禮。

第六，是慈淑夫人的衣食住行，千方百計效法慈禧太后。譬如衣飾，除了不能穿龍袍戴鳳冠以外，珍珠寶石，應有盡有。吃飯不和兒女同桌，平日除非「恩准」，一概不能平坐，只合一旁侍立，夜裡睡覺，要有人在榻旁講書，講到他睡著為止。假使半途中醒過來，沒聽到人講，就發脾氣。這些差事，在兒子們成家以後，由兒媳婦承當。

講到迦陵出門，總有眷屬寵婢盛裝伴行，娶了兒媳以後，即由兒媳參加。他就坐一部前面提過有「屋頂花園」的老爺車，餘人另坐一車。隨帶菜盒、煙袋、茶具、衣服之類。她的那輛老爺車，以沒有領到第一號車牌深感遺憾。（第一號為富商周湘雲所有），所以想盡方法為她的司機領到了第一號駕駛執照，總算拉回一些面子。

等到滿清推翻，宮裡有十幾名太監遣送南下，內中有七名無家可歸。這事引起了羅迦陵的注意，私忖園裡色色俱全，獨缺此種人物，況乎人棄我取，功德無量。這七名太監職位不高，但年紀都不小了，除了愛儷園肯收留養老之外，實在也無人肯接收這批「奇貨」。這麼一來，自有不少好奇之人，都想見識太監究竟是那些模樣，於是有機會去愛儷園的人，無不要去看看這班「公公」，成為園內奇景之一。

設大學別創一格

過去，稍有身價的人家，總是延聘西席，在家教育子弟，一般的就送到附近私塾，等年紀長大，書讀得深了，就得訪尋名師，至於把「大學」開在家裡，還對外招生，男女兼收。我想除了愛儷園的「倉聖明智大學」以外，大概不曾有過，也不會再有的了。這所從來未被教育當局承認的「高等學府」，以姬覺彌任校長，延聘了不少積學之士任教，在中國教育史上算得是空前之舉。校址即在園南一角，校舍相當寬敞，還有預科。近代大畫家徐悲鴻，早歲即曾在該大學擔任過教師。這裡的學生，現在都是六十歲以上的老人了，有不少成為社會知名之士，不過他們從來不會把這個學歷寫出來。目前在此地有一位「六趾周郎」，生性幽默，亦曾就讀該校，只因為他把這校名，喜稱為「蒼蠅蚊子大學」，因此被開除出校的。

羅迦陵還有個古怪的想法，那是想利用學校，在女生中為兒子找對象，這主意在她想來當然不錯，但亦曾鬧過一次笑話。有一次羅迦陵看中一個叫林慶珍的女學生，給第三子友三成婚，而且擇定吉日良辰，和大兒子友蘭同日舉行婚禮。誰想林慶珍打聽迦陵的兒媳和一位二房的孫少奶在迦陵的壓迫之下，過著奴才生活，經過反覆考慮，就在吉期的前幾天逃往南洋。當時羅迦陵手足無措，只得再挑上一個名馮向華的女學生，做林慶珍的替身。經過這次事情，羅對兒媳也待得好一些。

習書法怪招百出

姬覺彌自從當了「大學校長」以後，經常和教授們週旋，心裡明白，腹中空虛，威信何來？於是想出一個主意，從書法上入手。他自命對小學與書法有獨得之秘。從小學方面來說，是暗查康熙字典，專找一些非常怪僻少見之字，強記下來。遇到人把那些生字寫出來問你，何音？何解？那種冷門貨，很少人答得出，於是他就滔滔不絕地大講特講。也有人樂得湊趣，當面捧捧他，日子一久，姬覺彌越來越自負，居然自稱是當代研究小學的專家了。

講到書法，他的秘訣乃是「用怪筆」、「寫怪字」。所謂怪筆，除了各種毛筆以外，不論什麼東西，只要能抓得上手，能濡墨水，都可當筆來用。諸如煙斗、煙嘴、花瓶、洋刀、筆架、石子、磚頭、果核、手杖、洋傘、扇柄、拂塵、拖把以及女人的高跟鞋底等等，無一不被他大派用場。此外，還定做了許多奇怪毛筆，有的像釣竿，有的像雨傘，有的像刷帚；有的像排筆，光怪陸離，無奇不有，只要有人幫他出怪主意，他一定如法炮製。至於寫字的方法，更是五花八門，想入非非，有雙管齊下式，那是左右兩手同時寫二個不同的字；有麟趾式，那是足趾握管來寫；背射式，那是在背後用垂釣筆寫；有啣杯式，那是把筆啣在嘴裡寫，花樣繁多，不勝枚舉。他還把自己那些各種不同方式的寫字姿態，拍了幾十張照片，用上好連史紙珂羅版精印了一本冊子，逢人分送。可惜此地已經找不到這些畫冊，否則真可以大開眼界。有時他還寫草書，時常寫好以後，連他自己也不認得了。也有人見過他寫的楷書對聯，下款署「睢寧姬覺彌」，很有骨力，但那是鄭沅、鄭探花代筆的。

哈同死時為八十歲，那年，羅迦陵為六十八歲。所有遺產均歸羅迦陵承繼，凡是地產進出，押款交易，房屋修建，租賃關係等等都需羅決定簽約，每天上哈同洋行辦公。其實，一切都在姬覺彌掌握之中，羅不過是過目簽押而已。幾年後，羅迦陵得了目疾，眼力衰退，在臨死前幾年，已然雙目失明，但仍簽字如常，但大權操縱於姬覺彌之手，這是盡人皆知的事實。

收小費生財有道

姬覺彌生財之道，單舉修建房屋和小租兩項，已夠駭人聽聞。記得某年在西摩路造慈惠南里，房子完工，羅迦陵和姬覺彌由承包的建築商陪同去驗收。想不當就在驗收的當時，一扇門上的橫窗，突然倒了下來，險些倒在他們頭上。當場這建築商自然有些尷尬。其實要澈底清查，恐怕除了羅迦陵之外，誰也脫不了干系。原來一幢房子，假定主人拿出造價八千元，承造商僅能到手四千五百元，其餘的三千五百元，哈同洋行、愛儷園二處上下人等按照職位高低、勢力大小，早就規定百分比，按份分派。大承包商還得層層剝削，小承包商那得不偷工減料？這樣看來，新房子塌下窗格，又何足為奇呢！

另一項收入是小費。在當時小費是經租賬房的額外進益，不足為奇。可是租過哈同房子的房客，有個共同體會，就是哈同賬房間手段之辣，心計之狠，是全上海的第一高手。那時租屋都有期限，長的五年，短的一年，甚至有半年的。一到滿期續租，索小費的機會就來了，按照地段，市價不同。你想吧！人家開了店鋪或是住家，焉能年年搬場？裝修設備所費不貲，總想繼續租用下去。在這種環境之下，賬房間劈下來的斧頭，只有忍痛領受。當時南京路上幾家著名商店，如新雅酒樓、老介福綢緞局、南華酒家、冠生園等，除了每月付租以外，早就陸續儲備了下次續租的小費。由於租戶多，這筆數目可真不小，周而復始，源源不絕。其中還有許多門檻，作為索收小費多寡的條件，如續租期的長短呀、收回自用呀、藉口違章裝修限期拆除呀，都是索詐的方法。房客為了要用房子，唯有忍氣吞聲，結果，還是照付小費了事。平日之間，房客還得逢節送禮請宴。在姬覺彌前，大爺長，大爺短，百般奉承。賬房裡的幾個高級職員隨身幾名保鑣，誰不是大小老婆，揮金如土。愛儷園裡一個總賬房叫楊瑞麟的，娶了園主的一個丫頭，卻自稱「姑爺」。園裡園外，有好處總要分一份。外面買來一毛錢的掃帚，進得園門，身價立刻上漲幾倍。上下其手，無孔不入。

憑蠻力擊退綁匪

俗語說得好：「人怕出名，豬怕壯」。姬覺彌日進紛紛，臭名四揚，養得他那麼胖頭肥耳，早有人暗中覬覦，前後被綁過二次票。第一次，被匪徒架走了，趁車子停在紅燈下的一剎那，被他奮臂擊倒匪徒，奪門而逸。第二次，匪徒預先伏在慈惠北里姬的外寵公館門首，待姬婷進大門，匪徒一擁而入。正在用力劫持之際，姬覺彌往地下一躺，拳腳蹭蹬，匪徒不是他的對手，又怕時間耽久了陣上失風，亦得鼠竄而去。從這裡可以看出姬覺彌的機警和蠻力了。

羅迦陵自哈同死後，境遇大非昔比。上海有一個時期商業凋疲，倒閉累累。最繁榮的南京路上也有不少市房空關起來，就是勉強維持的商店，亦是大部分欠租，甚至有積欠到二三年的。姬覺彌在這種大環境之下，對房客亦逼不出油來，哈同洋行的收入，大打折扣，開支既不能樽節，但銀行的押款的利息和工部局的地捐，日積月累，欠額越來越龐大。一個人從窮到富，是順水行舟，到了天天擔心人家來討債，這日子可真不易挨過。羅迦陵究竟是個平常女子，僥倖嫁了哈同，飛黃騰達，一朝碰到逆境，頓時束手無策，幾乎破產。幸虧她實際上的不動產，還有相當價值，總算勉強渡過了這場風浪。

患肺病迦陵歸天

羅迦陵禁不起這樣日夜焦慮，究竟是上了年紀的人，就得了目疾和癆瘵。她鑒於哈同的病向由洋大夫治療，終未痊癒，所以她絕不信任外籍醫生，習慣地由中醫按脈處方，無非是吃些平肝順氣的藥。後來有人推薦一位西醫李大夫，確斷她患了晚期肺結核。羅迦陵原本對西醫沒有好感的，但對李大夫卻極有緣份，於是每天邀去診治。李大夫對這位年逾古稀的病家，事實上決不可把她治癒，不過是儘量使她不至於急速惡化，除了藥物之外，還用心理治療方法，因此很收效果。記得有一年暑天，大夫勸她多吃西瓜，可以清暑利濕熱，這原是一件很平常的事，想不到羅迦陵回說：「先生，聽說市上西瓜很貴，我現在吃不起呀……。」李大夫暗中好笑，第二天就買了一擔叫人送去，羅迦陵十分歡喜，份咐侍女好好放在外房，不准別人分食，她那知手下當差侍女的房裡，那一處不堆滿了西瓜呢？

李大夫為羅迦陵醫護了六年之久，祇不過是苟延殘喘。後來羅迦陵的體質一天一天的衰弱，病況跟著沉重起來，早有人報知住在北京的長子喬其哈同。喬其一到上海，就去請了美籍醫生史密司，不顧病人年老體衰，就用當時最新的人工氣胸手術，俗稱空氣針，當夜就發生氣喘狂汗，兩眼直瞪，過不了兩天，嗚乎哀哉。在羅迦陵臨終前，姬覺彌姊弟情深，還用口對口接氣方法，希圖他一生唯一知己，延長呼吸，當下大家都怪史大夫過於莽撞，輕舉妄動，其實史大夫如果不動手術，病人未必會轉好，史大夫的手術，僅僅是縮短了羅迦陵的壽命而已。

羅迦陵死後，就權厝在園內為她預建的壽穴中，待開奠以後再隆重下葬。那墓地並排兩穴，上首已葬了哈同。通體用白玉大理石，左右石階，可登上面平台，墓的四周，刻著墓誌銘和生平事蹟，另一邊是哈同全身銅像。按照計畫，迦陵的墓和哈同的墓一般做法。親友們都說哈同夫婦真是生榮死哀，人間難得，名園厚葬，想必可以永垂後世，誰知事實，並不如此。

捕竊賊監守自盜

在羅迦陵死後的第二夜，南京路上發生一件踰牆破窗的竊案，竊犯當場被巡邏警察逮捕，帶回所屬捕房審問，隨後愛儷園接到捕房通知，方知地點是哈同洋行經理室；那個竊犯是經理的親信；贓物是一些賬冊、文件、銀行存摺等；主使人便是該洋行總經理姬覺彌。這真是千古奇聞，自己拿自己的東西，如此大費周章，捕房裡也認為內中定有玄妙，這件案子還是由當事人自己去解決，不予起訴。此案真相，不言而喻，乃是姬覺彌為了想湮滅自己的祕密，還怕自己的私有財產，公開出來，因而出此一策。為的是羅迦陵一死，喬其和二個外籍法律保護人商量之下，立即把一應遺物文件暫時封存，待喪事完畢再行處理，哈同賬房間當然亦在封存之列，想不到引起這位總經理的過慮，急不及待地用了這個釜底抽薪之策，可惜他派去的盜庫英雄，不是時遷而是李逵，如何能不陣上失風呢！非特弄巧反拙，而且連自己的存摺反被扣留。幸虧事出倉卒，一時間還未傳播到外面。因此他以治喪主持人身分，次日在愛儷園接待弔客時，人家見他哭喪著臉，滿以為他過份悲傷與疲勞之故。此事後來經過調解，念他歷年來對愛儷園的貢獻，況且他亦是遺囑上監護人之一，不好意思過份認真，也就不了了之。扣留的東西，凡是他私人的，都交還他。從此他在愛儷園的威風，也就大為減色了！

爭遺產涉訟法院

羅迦陵初喪過後，接著就是遺產問題。前面曾經提過，哈同的遺囑，寫著一切財產均由羅迦陵承繼。現在羅迦陵死了，就得看她的遺囑了。冷不防羅氏兄弟竟提出一張羅迦陵親筆簽署的遺囑，把所有產業，分給羅氏子女。哈同子女與姬覺彌只得到很小的百分比數。為此中外子女之間，起了爭執，雙方相持不下，只有請法院處理，如此糾纏了不少日子。經過法院多次調解，成立協議。大概是動產方面，每人一份；各憑命運，抽籤領受。不動產則按值分派，分別組織經租處。愛儷園的地皮，則各房酌分若干畝，就此瓜分了事。

在本文開端時，記的是哈同死後的「哀榮」，現在羅迦陵死後的異聞趣事，少不得也要敘述一些，作為本文的結束。

焚冥器火光沖天

羅迦陵五七設奠，前一天是焚燒冥器，這是一種迷信的風尚。尋常人家，化一些紙紮的箱籠衣物，應應故事。而愛儷園又大做文章，招了幾家大紙紮鋪聯合承包，另聘北京的技師參加設計，共費半月時間，方始告成，足見工程浩大，非比等閒。就在羅迦陵生前所居東首草坪上，搭建一所紙製的陰宅，佔地面積，大約相當於二方網球場，按照陽宅依樣葫蘆，上下兩層，下層有舞廳、會客室、大菜間等；上層是正房，偏房、浴室等。有樓梯可以行人。房屋裡的家具陳設，應有盡有，維妙維肖。到時親友故舊都來參加焚化典禮。一時火光沖天，煙焰飛騰，足足燒了二個時辰。為了防患未然，還請工部局消防處派來幾輛救火車停在一邊，以防意外，設想倒也周到。當火焚冥屋烈燄一起，園外的人還以為是愛儷園失火，不免有些閒言閒語：說青天白日好端端弄得像天火燒一般，莫非是不祥之兆？

燒名園弄假成真

事隔不久，正當一個朔風怒號的晚上，羅迦陵的陽宅突然失火，天寒物燥，容易著火。再加這一帶屋宇，鱗次櫛比，一霎時勢成燎原，不可收拾。等到救火車來撲滅，大部分住宅，悉成灰燼。幸虧園牆圍繞，和外界隔離，僅東鄰滄洲別墅一帶，飽受虛驚。事後查明失慎原因，是一個名叫靈芝闖的禍，她是羅迦陵身邊最親信的侍女，靈芝為了便於侍奉，臥室就在正房後面，這晚天寒寂寞，室房獨宿，不免勾起了身世之感。平日原愛杯中物，此時就在房裡自飲自酌起來。房裡備有一座落地電爐，一面取暖，一面暖酒煮菜，本來是經常採用的簡便方法。正在獨自陶醉之時，突然來了個小丫環，喚靈芝出去有事商量，就急忙把電爐往一隻紅木五斗梳妝台下一推，不讓小丫環進來，匆匆忙忙的趕了出去，卻忘記關了電流。時間一久，乾柴遇著烈火，就此燒了起來，闖了這個大禍。這場大火，足足燒了二三個時辰，所有內宅，幾乎全部燒燬。幸虧在半夜，人沒睡靜，未傷人口，還算不幸中之大幸。

在瓦礫遍地的一角，愛儷園的後一代主人，總算勉強同住了四五個年頭。後來兄弟們又計議把花園基地北部分塊出售，把沿福煦路哈同路一角，分給羅氏兄弟。於是那班兄弟姊妹，亦就紛紛遷出，各自分飛。風光了四十多年的愛儷園，也就成為二十世紀前半期上海的一大陳跡了！

（選自《大人》第八期）

我所知道的張競生

范基平

在距今半世紀以前，張競生博士以國立北京大學教授之尊，自學術觀點出發，著書立說，不顧一切，於全國最高學府的講壇上，撕破男女關係的神祕外衣，就它的內容，由淺近的報導，進而作深入的分析研究，把千百年來認為「奧祕」的一個問題，公開於每一學生之前，也使數以億計的中國人，第一次知道了什麼叫作「性」。

他這大膽敢為的態度，曾使全國人士為之目瞪口呆，一部分衛道之士則直斥其「膽大妄為」、「毒害青年」，因此對他發動圍攻，結果把他弄到身敗名裂，使這學術界一代奇才，成為近代文化史上最大罪人。四十年後，出現於美國的一位金賽博士，卻以研究性生活、性心理與一切有關的問題而成為學術權威，蜚聲國際，受盡崇拜。以之與當年張博士的遭遇相對照，實在令人不勝感慨，蓋金賽博士之一切，無一而非步張博士的後塵，只因時代不同，結果令人興「成則為王」、「敗則為寇」之嘆！所以今時今日，如果我們能摒棄成見，對張博士的一切重加評價，我相信，他的功罪是非，都會掉過頭來，成為文化史上一大翻案。

先知先覺・早於金賽

和張競生博士一樣，不同的是遲了四十年，金賽博士於六十年代，以研究男女性心理及生活而起家，成立機構進行訪問與調查統計，出版書刊，在短短數年之內，名利雙收，譽滿天下。他底著作，不脛而走，他所首創的許多名詞以及調查所得的統計數字，紛紛被好萊塢電影界採納引用，奉若經典。今者金賽博士雖已不在人世，但是他底學術，經已自成一家，著名的「金賽調查」工作，亦已有人繼續其遺志，不斷進行，為其發揚光大……總之，金賽博士在學術上的價值，一時雖未能遽下定論，但是金賽之名已在美國「名人錄」中佔一席地而永垂不朽，卻已不成問題。金賽博士的時代是二十世紀的六十年代，他所生活的社會是現代文明極峯的美國社會，然而他的學術研究，也曾被一部分守舊份子和教會人士認為大膽荒謬，然則試想在五十年前的中國，當男女關係被視為一件神祕不可告人之事，當全中國的男男女女還不知道「性」為何物的時候，張競生能突破一切，著書立說，傳授新知，那麼他不是一個偉大的先知先覺者是什麼？

五十年後的今日，我們侃侃而談「性」在人類生活中的重要，不以為恥，可是在五十年前的中國社會，當張競生以他獨有的智慧與勇氣，向愚昧的封建社會挑戰，宣布男女關係的秘奧，提倡「性」智識的解放時，真像向整個世界投下了一顆原子彈，使無數人為之驚奇、戰慄，撟舌不下。

張競生早年留學法國，獲巴黎大學哲學博士銜，政治思想偏向無政府主義，回國後任北京大學哲學系主任兼教授。

當時北大文學院，對中國新文化運動最具倡導作用，張競生力主思想解放，由思想解放而生活解放，由生活解放而智識解放。性智識的解放，原只是他底思想解放中的一小支流，卻不料這一小支流，洶湧澎湃，終於成了新文化運動中的一個無比的插曲，而至今為止，我們對於「性」及男女關係的智識，還是一脈相承，以張競生為始。

少年時代・言行不凡

張競生原籍潮汕饒平，清末畢業中學後，他父親便要他回鄉去當紳士，可是他不同意父親的安排，湯望北上升學。父親不答應，他就在縣衙門裡告他父親一狀，控父親不給他讀書，這一狀的確告得駭人聽聞，縣官便傳了他父親當堂勸諭，老人家雖然氣憤，但在縣官調解下，終於撥款給他北上讀書。

張競生到北京後，汪精衛刺攝政王案正在發生，恰巧善耆主張寬大，只判徒刑。張競生認為汪精衛行刺攝政王一事，是廣東人的光彩，由於好奇心的驅使，便常到獄中訪汪，時時接濟些銀錢食物。在京師大學堂讀了不多久，他又轉入保定軍校，在校中談革命，鬧戀愛，被斥革而未離校，辛亥革命後，他用了種種申請准以官費留法，在法國研究哲學，得傳士學位歸來，在北京大學擔任哲學系主任及教授，講「美的生活」，同時也是世界語的提倡者。

「五四運動」前後一二年間，《新潮流》波盪全國，他的社會改革主張，是從美的觀點出發，以美的觀點完成。他所提倡的唯美主義，和希臘人的觀點相近，但是他所出版的《性史》，卻引起了許多誤會，他的「哲學博士」學位，被訛傳為「性學博士」，因此而差不多毀滅了他整個一生。

好好先生．貌不驚人

筆者與張競生相識，係由彭兆良君介紹，彭君在擔任我在上海出版的某刊物的助理編輯之前，是張競生出版機構的助理編輯，他在我上海家裡住過幾個月，晚上和我下完象棋便談天，而談天時往往談到張競生。和彭君一起，我們三個人曾上過好幾次小館子，張競生身材不高，貌不驚人，飯量不大，而且極有節制，每次搶著要會賬，但總是搶不過我。他服裝隨便，不事修飾，談吐有內容，但是並不瀟灑，他是否風流我不大清楚，但是據我所見，他是連普通女人也不敢多看一眼的。

有一次朋友請客，張競生亦為高朋之一，那位主人出身紈袴，跑慣書寓，他自己叫了堂差，替張競生也叫了一個。可是張競生叫堂差，這是他有生以來第一次，一聽見堂差就是妓女，以為既是妓女，總是臂枕千人，閱歷甚多，認為機會不可失，一見面便不厭求詳的探問對方的性生活，在座嘉賓聞之，莫不愕然，而碰巧那名雛妓，還是清倌人，結果弄得她面紅耳赤，怫然而去，而張競生猶不知其究為何故。

不穿褲子・純屬謠傳

當時盛傳張競生熱天在家中不穿褲子，他所僱用女傭都因此受驚而去。據彭君說：天氣無論如何炎熱，張競生從來沒有不穿褲子過，但的確有一次，他在臥室中穿著中裝衫褲，女傭捧了半個西瓜進來，他從座椅上站起，不料褲帶沒有束緊，褲子竟然滑了下來，女傭受驚，大叫一聲，西瓜墜地粉碎，第二天她便辭工而去。從此以後，張競生不穿褲子之說，不料乃傳遍全國，終且成為人們攻擊和譭謗他的話柄之一。而事實上，這位以研究性學著名的張博士，卻是一個見了女人就會臉紅的好好先生。

關於張競生對於女人之缺乏興趣與週旋乏術，又可以從彭兆良君口述的一個親身經歷的故事中見之。

彭君曾在他所任教的一間小學中遇見一位剛從中學出來的施小姐，原籍常熟，是有人介紹到該校執教的。卻因為她喜歡搔首弄姿，賣弄風騷，校長覺得她不大適合，但又格於介紹人的情面，無可推諉，給他一份閒差，無所事事。她是《性史》和《新文化月刊》的讀者，聽說彭君與張競生時相過從，便萬分高興，說是心儀其人，要他介紹相識。

對付女人・絕無辦法

張競生在上海薩坡賽路九十二號的住處，掛著「美的書店」編輯室的招牌，他一向好客，確乎經常座客常滿，談笑有人，但極大多數是男客，絕無鶯鶯燕燕，出入其間，此中理由甚明，無須說得。由彭君陪同前往張競生家的那天，施小姐曾濃妝豔抹，刻意修飾，張競生見彭君帶了這樣一位稀客前往，不覺大吃一驚。介紹之後，彭君因事先退，此後足足有四五天未去張處。

等他再去時，張競生一見面便大笑，告訴他那天去後的情形。據說那位施小姐當天在那裡七搭八搭的，一直談到夜晚，聽說張競生一人獨處，便毫不客氣的留在他那裡吃晚飯。晚飯後，張競生問她貴寓何處，並且表示歡迎她下次再來，逐客之意，至為明顯，但是她卻賴著不走，說是談得投機，不欲歸去。這當然使張競生大為尷尬，不知所措，又因熟人介紹，未便予以難堪，直到午夜終於設法把女傭找來，囑女傭立刻僱車把她送走。

張競生自太太走後，性生活可謂久曠。因為他的名氣太響，普通女性為了避嫌疑，都不敢與他往來，他日常所能接觸到的女人，便只有傭僕之流，而他曾與之發生關係治療他寡人之疾的，也只有一個中年以上其貌不揚的老媽子。此外里弄間有一個年方及笄的洗衣少女，張博士對之也頗為有意，可是始終無法得手。

首集《性史》・原出於斯

張競生承認《性史》是「性書」，但絕對不是「淫書」，同時他對性行為與淫行，也分別得清清楚楚，前者是有節制的健全的性行為；後者是指不合乎禮法及漫無節制的性行為。他底第一集《性史》的來源，必須推朔到他執教北大時代，那時他在課畢休息的時候，常以閒談聊天的方式，向學生搜集有關性生活的材料。張競生就「食色性也」作了一番學術上的解釋，學生們乃一一接受，把他們底生活經驗，源源獻呈，當時一般青年結婚年齡遠較現在還早，在大學裡讀書而身為丈夫及父親者比比皆是。後來所搜集的資料越來越多，覺得若不以之公諸社會，未免可惜，於是靈機一動，決定付梓，這便是《性史》第一集的材料來源。

依照原定計畫，《性史》一共要編四集；第一集出版後，風行達於極點，若干學校貼出了禁購與禁讀佈告，而其銷路卻因此而愈暢。但以內容而言，《性史》中的文字，理論實際均頗膚淺，只有當時他的學生中，有一個以「小江平」筆名寫的一篇較為可取，然而裡面也只有男女心理與肉體關係的描寫而別無其他特別精采之處。這個「小江平」，就是後來成為作家的金滿成青年時代的筆名。這位金先生，抗戰時在重慶編《新蜀報》副刊，勝利後曾來香港小住。《性史》第一集因過於暢銷，被治安當局所注意，認為「妨礙風化」。這一點早在張競生的預料之中，所以封面裡頁有一句扉語：「雪夜閉門讀禁書」。言外之意，認為「天下第一樂事」。

二三四集・編而未印

據彭君說，《性史》第二集仍是性生活的報導，內容和前集相差不遠，同時，因為張競生自己只是「理論家」而非「實行家」，所以雖云談「性」，也真只是談談而已。

該集內容主要是性行為的姿態研究，嚴格說來，內容相當空洞，差不多可以說只把葉德輝的《雙梅景闇叢書》中的主要部分，從文言譯成白話，並略加附註說明。像這樣一部書，用來以資談助或者尚可，倘若用來參考，或者想作為臨床實驗之用，實在大有問題。

第三集講些甚麼，彭君也曾談過，但我已經記不清楚，第四集則為性行為用具專集。事緣張競生留學法國時，他曾搜集了一些提高性行為興趣之用的小道具，攜返國內，視若珍寶，把這些加上從日本得來的另外一批，便是第四集材料全部靈感所由來。這些東西包括節育套、羊眼圈、角先生、緬鈴等等，在當時的確新奇之至，但時至今日，除了緬鈴之外，都已到處有售，不足為奇了。

據彭君談稱，第二、第三、第四等三集，的確都已一一編好，等候發排，但是第一集所引起的影響和風波太大，而日子隔得愈多，張競生的膽子也愈小，一直遲遲不敢付印，終於沒有問世。後來所看見市上發售的第二集、第三集以至第四集，實際上都係冒名出版，與張競生完全無關，其內容的下流惡劣不堪，更是對張競生聲名地位的致命打擊，而那些無德無行的出版商，則由於那些書在當時的確空前暢銷，因此著實發了一筆小財。彭君曾實際參與襄助張競生的編輯工作，所言當有根據。

自創書店・名曰美的

性史既不出版，張競生創設了一間「美的書店」，出版《新文化月刊》。《新文化》並不是一種性雜誌，它的內容可以分為四欄：社會建設欄；美育欄；性育通訊欄和批評辯論欄。社會建設比較屬於一般性，《美學》原是張競生的擅長，而後面兩欄則是他個人向讀者表明態度和答覆來函以及筆戰的地盤。因為這時候，正在他出版第一集《性史》之後，外界對於他的誤會甚多，他不得不亟向各方表明態度，同時他的確又想在美育和性育兩方面作新的倡導。

張競生也很懂得讀者心理，他曾說過，通訊欄可以和讀者多多聯絡，一本雜誌與讀者聯絡得愈密切，銷路也就愈好。尤其是關於「性」智識的一切，因其帶有神祕色彩，面談往往不易出諸於口，利用通訊方法乃最為合式。他底想法果然不錯，自從《新文化》雜誌出版以後，讀者函件常常如山一般的堆積在案頭。其中當然有許多是毫無意義的，有些卻真的貢獻了自己的寶貴經驗，或者對於張競生的著作加以批評。對於讀者的來函，張競生總是用了最大的努力作答，其或涉義甚深，行詞穢褻未便公開作答者，則改用私函答覆，一切都是鄭重將事，不稍馬虎。

新出刊物・風行一時

他又以為，批評辯論也是推銷刊物的秘訣。有一次張競生在《新文化》上寫了一篇〈一般之所謂主幹也者〉，文中對《一般》雜誌（開明出版）的編輯夏丏尊有所抨擊，當該期《新文化》尚未出版時，不知那個好事之徒把消息供給了夏丏尊，夏氏聞之，緊張萬分，竟等不到《新文化》印好出版，便親自到印刷所索看樣張。該期出版後，果然風行一時，成為談助。這時上海的雜誌銷路都不很大，《新文化》每期的印數超過兩萬，比《生活週刊》（銷到五萬是後來的事）更多，這當然一半是振於張競生的大名，一半也為了他在編輯與取材方面確有獨到之處。

《新文化》月刊的編排形式，現在看來當然非常簡陋，然而內容卻非常熱鬧，而最能引人入勝的，則是筆戰。《新文化》月刊之出，使當時各大雜誌為之失色，許多以前不買雜誌的人，也抱著看《性史》第一集那種心理來買《新文化》月刊起來。雖然尚未人手一卷，卻已在讀書界方面引起了巨大的波瀾。

大開筆戰・熱鬧非凡

說來可憐，上海和全國的雜誌讀者只有那些，讀了這一種往往放棄了另一種，《新文化》月刊無形中搶去了許多別的雜誌的生意，於是許多別的雜誌都群起而攻之。其中態度各有不同，手段也有高下之分。張競生的應付辦法是，對於那些不夠程度的，一概置之不理，至於來頭大的，其勢洶洶的，則不惜一一應戰，其中一場則與華林、周作人等有關。

上海以「華林」為名的作家與藝術家，共有三位，這裡所談的華林先生，乃是一個法國留學生，研究藝術，並且是張競生的老朋友。他雖不談性育，卻是一個崇拜女性而偏得不到女性歡心的可憐人物。他夢想愛情，結果是連僅有一個床頭人，也跟比他年輕的小夥子跑了。

原來華林有一個情婦某女士，同居已有年餘，在華林言，他已相當盡了丈夫或情夫的職責，但內媚之力不足，外誘之因有餘，那個情婦別戀了他人。一吵之後鬧翻，那個女人即一去不回，落得華林書空咄咄，孤夜無眠，一天到晚的長吁短歎。

假使光是這樣倒也罷了，可是那女人也是會玩玩筆頭的，因此她在《語絲》上寫了一篇文章，大罵華林蹂躪女性，而且行文語氣，對於自己底出走，竟以《娜拉》自居。《語絲》編者周作人又在文章後面加以按語，大意說，男女之愛，應絕對自由，華林不但蹂躪了某女士底身體，而且還糟蹋她底靈魂，則某女士的出走，自屬必然云云。

某女士的文章本已歪曲事實，編者的按語更是有意偏袒，華林心有不甘，便將經過的事實真相寫成一篇答文，寄往《語絲》，要求刊出，以求讀者批判。不料編者非特不予刊載，反而重申前議，又把華林痛罵一頓，這便引起了華林的肝火。

華林於是在《新文化》月刊上發表了「婚變」的情形，並對《語絲》編者周作人加以攻擊。這時候，張競生的太太褚松雪女士也出走未久，張為此事心緒不寧，曾於《新文化》寫了一篇長文——〈美的情感——恨〉。華林既攻擊到周作人，於是周作人以後的文章，也牽涉到了張競生身上。

筆戰幕後・文壇珍秘

周作人的毛病，在沒有弄清楚事實真相，而一味迎合讀者心理。他以為男女爭鬥，旁觀者必須同情女性，方能獲得讀者擁護，同時只要拿愛倫凱的「自由戀愛」等話蓋罩一下，就可以把全盤事實抹煞。他又是一個中庸主義者，主張萬事當以微笑的態度加以處理，不宜過激。張競生則不然，他是一個熱情奔放者，平日所崇拜的是拜崙、盧騷這一班人，愛要愛到極點，恨也要恨到極點。這種個性，當然與周作人互為水火，所以當周作人在《語絲》上談華林事件而涉及張競生時，張競生便毫不客氣的回擊過去了。

就表面看，似乎周作人置身事外，隔岸觀火，但實際上華林的情婦與其小白臉，皆為周之門牆桃李，所以周作人肯蓄意迴護。至於張競生太太褚女士的情夫小葉，也常在周處走動，上述情形，張競生和華林都知其事，所以對於周的私心偏袒，尤為不服。

張競生在《新文化》上批評周作人，周也在《語絲》上對張競生大加諷嘲，脣鎗舌劍，大有可觀。但這場筆戰，忽然戛然而止，此中卻還有一樁趣事，堪稱文壇珍秘。

大家知道週作人有一個日本太太，日本女人是世界上男子最歡迎的女人，為的她們能夠柔順，不但和西洋婦女截然不同，就是中國舊式三從四德的女子，也不能與之媲美，至於新女性當然更不必論。周作人在其隨筆上，嘗論日本人的人情美，又說到袒護日本恐有「妻黨」之嫌，可見其平日對於閨房中事頗有自鳴得意之色。周作人究竟怎樣娶得此日籍賢妻，張競生並未講到，但他知道週作人太太還有一個妹妹，在周留學日本時，那姊姊下嫁周作人，那妹妹嫁給他的堂兄弟周某。姊姊結婚後，生兒育女，琴瑟調和，可是那妹妹下嫁之後，卻過著不愉快的婚姻生活，伉儷之間，既乏情感，於是枕頭人成為陌路人，柔順女也變成了眼中釘。不久那個妹妹即下堂而去，同時並索取周弟每月津貼銀洋一百元，作為贍養之費。

魯迅兄弟・家宅不安

這對姊妹花，也確可稱得當世之大、小喬，周弟既無此艷福享受美貌佳人之小喬，可以說是五百年前未曾修得。及小喬脫輻之後，逐鹿者大有人在——更奇怪的是從這個時期開始，魯迅翁與知堂老人兄弟間似乎意見參商，漸現決裂之狀。這裡面自然還雜有家庭中別種緣因——譬如他昆仲倆合資在北平築有一所院子，魯迅此時尚未有子，僅乎是夫婦兩口，而周作人卻有子女一大群，於是周作人遂以人多為藉口，獨自佔據，卻讓魯迅翁夫婦住在院子的門房間一所小屋裡。

魯迅在寫雜感散文時雖是那麼倔強韌性，富有戰鬥性，但生活上卻是一個豁達大度，再和氣都沒有的人——換一句話說，他實在是賦有偉大作家之幽默趣味，因而不屑以此瑣屑之事而作鬩牆之爭。後來，實在感到太不舒服了，索性斥資另賃一屋搬了出去，讓周作人一家獨據其中。《吶喊》上有一篇〈鴨的喜劇〉中所寫的「仲蜜的家」，就是指這所房子。

魯迅先生對於周弟的下堂婦，似乎也有些意見或者幻想，然而這位美麗的小喬終於長住在周作人的家裡了。她以青年美貌之身，竟未聞再嫁，或作回國的企圖，而周家對之亦安之若素，自然難免為外人所竊竊私議。

周作人在《語絲》上對張競生、華林兩人的攻擊，措詞激烈，一反其平日行文溫厚之氣、沖澹之味。當時周作人在文壇上擁有廣大的讀者，黑白淆亂，很有左右讀者意見的潛勢力。張、華兩人原非其敵，迫得張競生不得不以其似刀之筆，暗示其深知周作人家庭內幕，這劑妙藥，果然像太上老君一道律令，立刻生效，使周作人自動擱筆，停止筆戰。

秋郎罵張・敲破飯碗

周作人雖和張競生開過筆戰，但對張競生為人，仍有公正批評，他認為「他的態度是誠實的，所主張的話也多合理，雖然不免有些浪漫的地方。」

談北大掌故中，啟明老人也特別提到《性史》，他說：「《性史》第一集不能說寫得好，只是當初本意原是不壞的。英國人的《性心理研究》七冊長短詳略不同，卻都是誠實的報告，也是一種很有價值的研究資料。張君自己談的原意，即是想照樣的來一下，所以我說本意不壞。不過寫的人太不高明了。這裡邊有沒有張君自己的大作，我不知道，總之，如看過性心理研究上的記錄的人，總不應當那麼亂寫，特別是小江平那麼的描寫，平白地把《性史》的兩個字糟蹋了，實在可惜之至。」

那時上海《時事新報》副刊《青光》，編者梁實秋，筆名秋郎。梁實秋當過大學教授，以寫《罵人的藝術》一書成名，他對於罵人藝術，可謂研究有素，然而他罵了國民黨，罵了孫中山，罵了政府，罵了社會上大小事情的一切都無所謂，最後卻以罵張競生而敲破了《時事新報》的飯碗，因為梁實秋把《性史》和淫書混為一談，張競生在《新文化》月刊上寫了洋洋灑灑的大文，把《性史》和淫書完全劃分，並且用邏輯方法，說明了把《性史》當作淫書的人，本人即有心理上的病態。此外，張競生又就一個月的《時事新報》的社論和《青光》上的文章內容，一一加以科學的比較與批評時指摘，證明了《時事新報》是一張沒有堅定立場的投機報紙，張競生的嚴肅態度，不但使梁實秋自顧失色，甚至整個報館同人都為之毛骨悚然。果然，該期《新文化》月刊出版不久，《時事新報》即以改組聞，而改組之後，編輯部中也就沒有了梁實秋。

徵集人才・翻譯名著

張競生的美的書店，除出版《新文化月刊》外，又徵集同志，翻譯靄理斯的《性心理學》。譯述人員中，有後來曾任《星島日報》總編輯的金仲華君。那時金仲華君方自之江大學畢業，因志同道合，報名投考，得獲錄取。但靄理斯原著洋洋數百萬言，對於當時美的書店的財力人力，兩難勝任。於是便變通辦法，將這部煌煌巨著的譯本，改成六十四開小本，以「性育小叢書」的名義出版。靄理斯此書，號稱世界名著，彙集古今性學之大成，搜羅至廣，在性學界中堪稱「有美皆備，無奇不有」。如關於世界性的奇風異俗，愛情心理之微妙轉變，肉慾愛的方式，以及摒棄肉慾而企求聖潔化之柏拉圖式戀愛，從歡欣作舞之求愛，以至蕩防失檢之露水戀愛，從男女正規之愛，以至於變態的同性戀愛，無不分門別類，詳細討論，其中又附外國性史，係靄理斯向世界通訊徵求得來的，趣味尤為洋溢，材料的豐富，內容的新異，允稱空前絕後。

各人分開迻譯，張競生則總其大成，親負校閱之責，每一部譯稿完成，必按句校正，一絲不苟。譯述的標準，首重信達，全體人員工作努力，雖星期假日也不稍中輟，而張競生的埋頭苦幹的精神，更在其他諸人之上。這因為他們在白天賓客盈門，各式各樣的人紛至沓來，使他不得不放下筆桿招待接談。但校閱工作，至重且繁，白日不足，於是他就不得不求之於晚上了。因此，他往往一個人靜悄悄地工作到十二點半之後。有人說，文人喜歡晚間寫作，因為明月半窗，風搖竹影的夜靜之時，似乎更有助於文思。但張競生的晚上工作，卻迫於白天的送往迎來，使一般翩然蒞止的佳賓，滿意歸去，卻不知他們的歡笑浪謔，無形中消耗張競生許多寶貴時間，而這位好客成性的主人，卻滿不在乎，反而以此為樂。

張競生辦雜誌，把讀者分作兩類，一為尋求智識而讀雜誌，一為尋求趣味而讀雜誌，對於小說，他著重情感與結構。他批評當時的作家如郁達夫、徐志摩、周作人等缺乏真實感情，而用生花之筆勉強造作出來的作品。他認為他們的作品，即使寫得工緻，亦多矯揉造作，缺乏真與生命，算不得美。他一生津津樂道的是盧騷的《懺悔錄》，他認為盧騷此作，除其自然放浪的哲學外，即就其文字而言，也是一部了不起的傑作。他曾想請金滿成譯《少年維特的煩惱》，彭君勸以該書早經郭沫若譯出，而且享有盛名，金先生若重譯，唯恐徒勞無功，因此作罷，張競生乃請改譯《盧騷懺悔錄》。但試譯了一部分，卻以譯文簡潔不足而未能用，乃不得不自己動手。

張競生的譯筆十分簡潔，而又不失原文浪漫熱情之本來面目，但正因其用筆過於簡潔，而且文學顯非張競生之長，其所譯《懺悔錄》一書，因亦失敗多於成功。

美的書店單行本出版預告中，有《第三種水與卵子及優生之關係》一書，此書亦簡稱為《第三種水》。

張競生在編輯《性史第一集》時，僅於每篇故事後，按加一些性學理論的解釋，而此解釋又都以科學為根據，與金聖嘆之註解《六才子》有所不同。至於《第三種水》，則全從性心理的科學著手，而於其著作中，亦全為科學的文字，一變其平日文藝的筆法。

第三種水・笑話百出

《第三種水》一書，一經刊出預告，預約者即紛至沓來，絡繹不絕。「美的書店」開在上海四馬路，值櫃者是四位女職員。上海商店之僱用女職員，亦從美的書店始。張競生之提倡女子職業，在《美的社會組織法》中早有先聲，所以當組織書店時，就堅決選用女職員。不想到了預告出版《第三種水》時，卻常鬧笑話。

《第三種水》雖是一本薄薄的小書，全文僅二萬字，但出版日期一再延期，致令讀者常常到書店催問。有一班浮滑少年，每於寫字間落班後，到美的書店買些書籍，問長問短，藉此交談。《第三種水》預告刊出後，更認為吃豆腐的最好機會到了，於是便向女職員問：

「請問，第三種水出了嗎？」

女職員只知《第三種水》是一種尚未出版的新書，所以都是恭而敬之的回答：

「《第三種水》還沒有出……大概明後天便可以有了。」

這些輕薄少年聽了，便認為討著便宜，嘻嘻哈哈地滿足的走了。

此事曾經魯迅口誅筆伐地寫在他那些有名的雜感上，一時傳為笑談，但張競生在編輯室中還只是埋頭工作，並不知道有這回事情。

然而外界卻以此為聲討張競生的最好藉口了。彭先生便親耳聽得一個形似道學家的老教師說：「什麼第三種水，美的書店的女職員都是張競生這傢伙攬出來的。」

好奇加上好事，便有人說張競生把美的書店的女職員攬出什麼第三種水來了。

書店關門・重去法國

「美的書店」出版的其他單行本，其中較為著名的是《美的社會組織法》。《美的社會組織法》是張競生個人的作品，也是他對於無政府主義的一個美麗的而遙遠的理想。他認為社會的組織，應以《美》為基礎與骨幹，不用權力，也無需政治或者陰謀，讓人與人之間，無憂無愁地快樂生活。在一九三〇年以前的時代談這些東西，當然不會有人領略和接受，同時上海租界工部局捕房，因為他一會兒妨礙風化，一會兒又提倡無政府主義，不知道他究竟搞些什麼名堂，也開始對他注意起來，對他底書店和辦公室常作突擊檢查，使他自己和職員都惴惴不安，因之為時不久，「美的書店」也就關門大吉。

「美的書店」關門以後，盛傳其在杭州西湖削髮為僧，事實上他於一九三二年時即束裝赴法，研究地方自治與農村組織，旅居兩年，重回上海。回來時，風霜滿面，而言論依然。這時舊日朋侶，大都星散，博士寄居公寓，日就俄羅斯菜館，除了早飯之外，一日兩餐，均吃「羅宋大菜」，習以為常。

在「美的書店」時代，張競生家中，座上客常滿，他雖然沒有太太，只備小菜淡酒，卻也調治頗精。這次重返上海，寄跡公寓，深感飲食之難。他曾走進許多菜館，不得不急急出走，或由於餐具不潔，或由於菜味惡劣，或由於代價太昂，非經常所能負擔。這時候他發現了羅宋大菜，一湯一菜一點心一咖啡，取費不過小洋四角，他認為菜料、煮法、價值和餐室的環境等，尚有可取，於是便暫以羅宋大菜解決日常進餐問題。

但他認為國人對於飲食太不講究，山珍海味，無補於身，徒事消耗，而壞之尤壞的事，乃為食物本身與飲食環境對清潔衛生毫不注意，他說：「我巡遊數十食鋪，竟無可下箸，最後要吃羅宋大菜，豈不痛心？」為此之故，他便埋首寫《食經》，立志改革中國菜式與烹飪方法。他認為中國的菜餚，但知重視美味，而置營養價值於不顧，尤其是魚翅海參之類，非但毫無營養，而且消化不易、有礙健康，可是這些東西卻傳統地被人們奉為珍饈。他之有意寫作《食經》，便是想把中國人對於飲食的舊觀念習慣打破，使他們對之有一種新的認識。這部《食經》，他寫了約一萬字左右，大部分是理論，有人認為不切實際，要他具體說明實地舉例。張競生果然想出了許多新的菜式與烹飪方法，可是試驗之下，朋友們一致認為失敗，博士沮喪之餘，也就擱筆不續，於是《食經》一書，也告流產。

以上所述，都是抗戰以前的事，「八一三」以後，我就和張競生沒有見過，只曉得他曾北飛平津，南至印度，遍遊國內外名山大川，生活思想是否因此而有何種轉變，不得而知。

絢爛之極．歸於平淡

一九四九年，我去曼谷，知張競生先一年曾道經曼谷，前往印度，在暹京小住了一個時期。在此期間，張競生曾受曼谷某出入口公司主人招待，伴同遊覽各處名勝，據說他對於曼谷廟宇建築，極感興趣，事實上，那時他已從事研究農產種植，在潮汕與人合作種植蜜柑。曼谷華僑慕張競生之名，多欲一睹手采，他就在東舞台作了一次公開演講，因為他這時候已致力種植，所以演講的題目也是「改良種植」。他一向提倡人類優生之學，這「種植改良」無異就是「植物的優生學」。演講中對於潮州柑力加讚美，認為質地甘美，只要改良種植，必不讓美國加州的所謂「花旗橘子」專美於前。當時各報記者紛紛往訪，一時成為新聞人物，有人以性學問題相詢，張競生笑著回答說：年紀已老，不願再談此事矣。印度歸來後，張競生仍回潮汕，從事改良農產工作，二十年來，不知所終。而當初介紹我與張競生相識的彭兆良先生，自「八一三」而後，也從未聽到過有關於他的任何消息。

（選自《大人》第十一期）

林庚白知命死於命

滄海客

林庚白死於民國三十年香港戰亂之中，這一位才情橫溢、風流自賞的名詩人，本身又兼是一個命相學家，他曾著有《人鑑》一書，因此，他常常自負他的詩做得比杜甫更好，而命相卻不下於嚴子平。結果這個自命不凡、眼高於頂的人物，料不到自己最後竟死在日本兵的手裡！而今，林氏去世已歷三十多年，我每過九龍金巴利道與天文台道之間，他的舊居也就是他死難之所，輒禁不住低徊憑弔，實在這個人生前給我的印象太深了。

潔癖拜物狂

大約民國二十四五年間，上海有一張《晨報》，由潘公展主辦，格調似頗清新，其實卻是國民黨的外圍刊物，且受財政部津貼。但其間因該報主筆王新命有次寫了一篇社論，直接指斥孔祥熙等，就此不幸而宣告停刊。當時《晨報》上最令人矚目的文字，其一是姚蘇鳳主編的

「每日電影」，由洪深、田漢、夏衍、柯靈、塵無等人執筆寫的影評，無不犀利中肯；其一就是林庚白寫的《孑樓隨筆》，排日刊出，圍框夾線，特別令人注目。這些隨筆是雨夾雪式的文言帶白話，娓娓談近代掌故，口氣顯得頗不小。其時庚白不過四十歲，而文名已藉甚，陳石遺的《近代詩鈔》選有他的詩，且稱其「早慧逸才，足與當代諸家抗手」。我讀了心儀其人，特地去《晨報》社訪問，但據報社方面說，林庚白從來未履報社一步，因此不得要領，無法識荊。

但事有湊巧，有天在法國公園散步，迎面來了一個廣額尖頷的中年人，膚色白皙，頭髮漆黑，卻穿了一件淡紫色的紡綢長衫，兀自在風中飄飄然的樣子。其旁，卻是一位戴著黑眼鏡的電影明星兼女作家王瑩。王瑩給我介紹，才知他就是我要訪問而不獲的林庚白其人。此時站在我面前的他，神態瀟灑，吐屬文雅，似乎並沒有什麼架子；不過令人感到詫異的是，他伸出來一雙白嫩的手，指尖上竟塗了紅色的蔻丹，書卷味中未免帶些脂粉氣息。

其後又數度遇見，但往往只是他孑然一身，我問王小姐何以未見，他只苦笑搖頭。後來才知王瑩與他鬧翻了，說是林庚白有些神經病，天天釘得太牢，話又說得太嚕囌，於是這一對才子佳人，雖一度拍拖，而終於分道揚鑣了。在這以前，庚白追求的名女人不少，其間有位林長民的女公子林徽音，出落得沉魚落雁之姿，更兼文藝修養極深，當泰戈爾到北平講學時，時見她在泰戈爾左右，庚白在北平追之甚力，其間且曾拜懇徐志摩為之說項，但結果林徽音卻下嫁了梁啟超的兒子梁思成，庚白於是嚐到了失戀的苦杯。

後來，庚白在上海又猛追一位張小姐，對方若接若離，使他意亂情迷，張小姐住在南京，他便坐火車由上海趕到南京。但當抵達張宅門前，敲了半天門沒有人理會。庚白不得已，把一包聖誕禮物，從廚房窗口塞進去，又被對方擲出窗外，這才使他死了心。從此，他這位「孑樓」主人形單影隻的渡過了好多年。

此時他寫過一闋肉麻香艷的詞，只記得上半闋最後三個字是「痛，痛，痛」，下半闋最後三個字是「動，動，動」，真是匪夷所思，妙不可言。要知道三十多年前，上海一帶風俗還是相當保守，很少有人敢以文字這麼大膽表現，所以人們提起林庚白這個名字，簡直會誤會他是色情狂之流。

但這樣一位痴情坦白的詩人，同時卻又是一個出奇的絕對潔癖者。他走到人家屋裡，總是害怕別人的櫈子骯髒，連茶杯也不敢碰一下，公眾手巾更是絕對拒用。他住的地方，有客人去訪，他總是把煙灰缸、痰盂準備得好好的，生怕你吐痰吐在地板上。書籍也放得井井有條，你如伸手借他的書翻看，他好像有一種渾身不大舒服的表情。又你喝了他的茶杯，他回頭也許要洗滌半天，說不定一下子就把它丟掉。但如果你是一位女賓，那情形則又不然，一個留著口脂痕的玻璃杯，那他索性不洗而當作稀世的古董，什襲珍藏了起來。

與杜甫爭席

林庚白是福建閩侯人，初名學衡，字凌南，別署眾難，晚年以庚白行。畢業於北京大學，曾任中國大學教授，眾議院及非常國會的秘書長。他的國學造詣極深，做的新舊詩詞，都充滿了時代感，著有《庚白詩存》。他又寫了一部小說《玉女士》，無非敘途他與那位張女士戀愛的經過。大概民國十年左右，他即在北京頭角嶄露，迭承要職，可謂之少年騰達。《南社叢選》中也刊出他不少詩文，雖屬後起之秀，其聲名卻不在柳亞子、陳去病輩之下。

他對詩詞的見解，謂有三要，即：「要深入淺出，要舉重若輕，要大處能細。」且把詩韻來一個大膽的翻案，他說：「今人用韻，什九以坊間所刊行之《詩韻合璧》為準，於古體則數韻相通，而於今體則墨守一韻，此大不通也。微論沈約所定詩韻，未足依據，即令能依沈韻，亦無所規行矩步如此之甚。蓋三百篇及漢魏六朝唐宋人之用韻，皆與沈韻有出入，質言之，則凡詞韻可通者，詩韻皆可通，古體可通者，今體皆可通。此非余一人之私見也，求之於《詩經》以迄唐宋名家詩集，指不勝屈。」這樣的見解是很通脫的，所以他同時也做新體詩，不像一般舊詩人那樣固執拘束，視新體詩如洪水猛獸。

他的七言絕句為世人所傳誦的是：

中年況味渾如酒，少女心情盡是詩！

大概是他切身體驗所得。又七律中也不乏佳什，如〈在滬新亞酒店作〉：

歌聲艷絕出牆隅，到此真憐貧富殊；
樓迴賓朋矜睡美，工苛婦孺苦飢軀。
盡搜餘力供豪侈，猶說勞心判智愚；
人役役人時世囿，揚竿古亦起農夫。

這些詩又隱然為貧富不平而鳴。他對自己的詩評價很高，平日在朋友面前誇獎自己是第一等人才，說杜甫的詩還不及他。例如《吞日集》自序之中，就開門見山說：「遠勝鄭孝胥，直與杜甫爭席。」論者謂他的詩超過鄭蘇戡，或許還有可能，但說是「與社甫爭席」，就顯得他又患了誇大狂了。

林庚白後來找到了對象，又是一位驚才絕艷的女詩人，也就是他同族的姪女輩林北麗，互相由唱酬而結為眷屬。

當日本侵港戰爭發生時，林庚白在香港目擊心傷，作《虎尾後集》，共有律詩二十多首，依時間先後，記遭遇情形。今日讀之，亦可作為「詩史」看的：

倉皇婦孺共樓隅，飛彈砰訇日欲無。
天暝猶聞飛賊襲，警傳始見路人趨。
突來狂噬吾何畏，苟免圖存眾有虞。
更為東方開一局，我儕未可但全軀。

子夜夷歌更不聞，頻來破夢彈紛紛。
食艱數口惟饘粥，店閉千家遠敵氛。
抱道真同陳蔡厄，傳鋒直似鎬豐焚。
鄰人待援猶酣戰，隔海宵深鬥兩軍。

水絕糧空餓死虞，太陽旗畔虜歡呼。
人民猶是山川異，聞見全非史集無。
薜荔牆隅聞偶語，玻璃窗畔走農夫。
動心忍性吾無懟，剩極端為切腹吁。

四週砲火似軍中，始驗平生鎮定功。

劫罅遙窺斜照黑，燼餘幻作曉霞紅。
重聞水斷憂飢渴，徐待陽回凜雨風。
投老兵戈吾不信，歲寒定見九州同！

庚白詩結句「歲寒定見九州同！」這詩是可以必傳無疑。但我們的詩人自己卻不幸而成為「詩讖」了！

議論不讓人

從來才子佳人，韻事頻傳。當這時期，在藝文壇上最出風頭的女性偶像，除林徽音、王瑩之外，還有俞珊、張荔英以及陸小曼。俞珊下嫁了趙太侔，而田漢卻費盡了氣力沒有追求到她。張荔英是張靜江的千金，從法國學油畫歸來，偏偏看中了年逾半百的陳友仁，並譽之為「中國第一美男子」。至於陸小曼，此際早已投入了徐志摩的懷抱。林庚白與他夫婦倆常共遊宴，有一次還替謝冰瑩介紹一起喫咖啡。據冰瑩回憶說：「庚白是一個耿直忠誠的朋友，他一生坦白，對人赤裸裸毫無半點虛偽，常把他十八歲就和許金心女士結婚，後來感情不合，精神痛苦的事告訴別人」。

因為林庚白懂得命理，他曾算出自己未來的伴偶必是一個才貌俱全的女人。他週旋於粥粥群雌之間，卻很久找不到對象。有一次，冰瑩故意氣氣他：「庚白，我從來沒有聽你說過自己有缺點的話。」

「哪裡，哪裡，我自然有許多缺點。」他回答得真妙：「但我的優點，比任何男子為多。比方我愛清潔，我能把衣服熨得很平，把被窩摺得很整齊，把房子打掃得連一點灰塵也沒有；我了解女人的性情，什麼女人喜歡穿什麼顏色的衣服，吃什麼菜，看甚麼電影，我都知道。那個女人如果嫁我，真是她一生的幸福。假如她病了，我會體貼入微，連她的××帶，我都可以替他洗滌的……。」

這樣一說，誰都忍不住哈哈地大笑起來，很自然地又想起了他有一首新詩，裡面有「我願做你的××帶」的那一句詩來。

這是林庚白羅曼諦克的一面。但他也有嚴肅的時候，便是議論國事、月旦詩文之際，是好就說好，是壞就說壞，決不隨口讓人。他批評過他的同鄉鄭孝胥、陳石遺、梁眾異、黃秋岳這幾位大詩家的作品，似乎都有其缺點，都不放在他的眼裡。陳石遺說他「忤俗」；他便嘲笑陳石遺八十高齡猶納妾，不失為壽徵，而他因「忤俗」而不能不書空咄咄。直到民國二十六年，才由柳亞子之介，而與林北麗結了婚。

刊在上海《晨報》的《孑樓隨筆》，對於一般時賢，多婉諷之辭。這時中日局勢緊張，已是山雨欲來風滿樓之秋，而上下嬉戲，猶似粉飾太平，他便寫過不少打油詩，不免皮裏陽秋，有所影射。《晨報》社長潘公展，為此向庚白幾次打過招呼。傳說《晨報》之被迫停刊，王新命的社論開罪於當軸固為其中主因，而《孑樓隨筆》也曾積下了若干因素。

記得有一次，在文藝復興咖啡館遇到了庚白，那天他不知因何刺激，談到當天報上的時事電訊，在一番激昂的言語動作之中，竟把桌上的茶杯頓時打破了，弄得僕歐要他賠償，情形很為狼狽。這天他的話題是痛罵某要人辦外交的手腕過於軟弱，有失國體。但據悉某要人正是與他平日常有函牘往來的一位摯友。

那時，他在上海只租了一層樓獨居。《晨報》每月致送了一筆豐厚的稿費給他，生活尚稱裕如。當朝顯要，與之有舊誼者，復常有餽贈。因此，庚白平日用錢的手筆很大，有時流連霞飛路古董店中，以鉅款購買古代鼎彝，玩賞了幾天，又往往無條件的隨手轉贈他人，大有「千金散盡還復來」的那股豪氣。

曾有一次某要人以三千金懇求庚白為其母氏寫一篇七十壽序，卻為其所嚴拒。「一錢不值，萬金不換」，說不寫，就不寫，這正是文人的驕傲與自負。

庚白的信札寫得不俗，書法也頗可觀。據說他也能畫幾筆山水，但我沒有看到過，未卜當世尚存有其遺作否？

在九龍送命

庚白是一個健談的人，他的話匣子一開，即可以滔滔不絕談上數小時而無倦容。上自世界之大，下至蒼蠅之微，他博聞強記，無所不談。尤其他所談命相一類的話，最為精彩。他所著《人鑑》問世後，有人勸他不妨掛牌相天下士。但他當時似乎還掛著「立委」的銜頭，自不便兼此生意經，只在茶餘酒後，替朋友們義務看看相而已。

當時所有的名流要人，他幾乎全部認識。大多數的時辰八字，也都能記得清清楚楚。他曾推算過汪精衛過了六十便難逃大厄。徐志摩乘飛機遇難，他早已未卜先知。他的同鄉梁眾異也曾向他請教過，他指出梁氏手掌上有一特徵，結果非弄得命正典刑不可。黃秋岳的命被他更算得準，說在半年內必有大兇之象，果然不出半年，即以間諜案被槍決了。他沒有見過毛澤東，但在他主編的《今詩選》中，所收一百三十四家之中，居然也有毛的名字，他認為毛的詩霸氣十足，又曾把他的八字推算，肯定他將來必有一番非常舉動，但身後又必有餘憂云云。

至今想來，庚白對人對事，常有先見之明，而又言必有中。他曾推算過羅隆基至六十壽終，其妻王右家亦然，王右家前數年死在台灣。

可惜那冊《人鑑》找不到了，大概庚白當時所推算的命造，其應驗者不少。他曾推算過阮玲玉「紅顏命薄」，胡蝶必再嫁，對王瑩則不免有「水性楊花」之嘆了。最妙的是他推算藍蘋的八字，排出庚戌、己卯、丁丑、壬寅，指她在三十歲前必數易其夫，而三十歲被將有三十年大運。但一到六十二三歲又必有某項沖剋，究竟如何且拭目以俟罷。

至於說到他替自己算命，便馬上面色莊嚴地說：「我一定活不過五十歲！」抗戰爆發時，他大概不過四十三四歲，偕林北麗已避難到了重慶，但他天天卜卦，心上忐忑不安，當日機在重慶空中投彈之後，他已駭得失魂落魄，又偕北麗轉輾逃來香港。因為他算來算去，要逃到南方才比較安全。殊不知他這樣企圖避兇趨吉的結果，反而在香港送上了一命，他死的那年不過四十七八歲？

這可以說是數罷，該是在劫難逃，他平日自負命學當代第一，結果竟應驗了。

民國三十年冬，庚白和北麗兩人，住在九龍金巴利道月仙樓一號，那地方本是詩人楊雲史所居，後來歸之於庚白的友人。港九戰事發生後，林氏夫婦便遷到那裡避難。據林北麗的回憶，自那年十二月某夜九龍淪陷以後，由於間諜們把林庚白認做國民黨的某大員，因此便成為日軍所搜覓的目標之一，十九日先到月仙樓住宅，庚白便從後門外出，怎料一出門，又碰上了五個日本兵，他們拉住了林庚白，要他帶去找「林委員」。這時庚白早有戒備，化妝如一鄉下佬，他們並不認識他的盧山真面目。

當庚白被拉到天文台道上坡口直趨下坡口，然後站住。那時候，北麗為日兵所阻，只好站在上坡口。後來，她看到那些兵拍拍庚白的肩頭，好像表示放他走，於是他從天文台道下坡口又直向上坡口，腳在發抖，大致使對方起了疑心，不知怎樣，又被拉了回去，盤詰不休。盤詰之後，又讓他走。等到他走到半路，一顆盒子砲的流彈穿過，庚白倒地，北麗搶救，又一顆子彈從她的右臂穿過，直射庚白的背部。

當時庚白流血較多，終於不救。在兵荒馬亂之中，連棺木也買不到，只好草草地理葬於天文台側的一個菜園裡。而今時異勢遷，週圍新廈林立，再也找不到菜園所在了。

林庚白一代異才，深通命理，而竟死於非命。塵海茫茫，招魂何處？

（選自《大人》第二十六期）

西安事變與宋子文

馬五先生

一九三六年（民國二十五年）十二月十二日張學良、楊虎城策動的西安事變經過情形，若干年來，官方與民間皆有紀述，但對於促發事變的基本因素，以及最後演變的戲劇化的結局之所以然，或以顧忌現實，或以見聞未週，付之缺疑。筆者根據個人陸續訪察所得，分別敘次，聊備史家參證云爾。

遠因

筆者曾在日本東京旅遊中，晤及西安事變時擔任張學良機要秘書的苗劍秋氏，叩以事變的裡因安在？他說出兩點：

一是「九・一八」事變發生後，除卻原在關內的奉軍外，許多反對日本帝國主義的東北智識份子，亦紛紛潛入關內求生存。當時南京中央當局通知張少帥，所有來到關內的東北軍政界人士，政府必予照顧，不愁失業，然事實上十九皆未兌現。這班人有如喪家之犬，流落江湖，靡所瞻依，只好投奔奉軍各部隊中，免成餓莩，對中央當局乃滋生反感，憤憤不平，因而影響軍心。

二是奉軍初由平津奉調至鄂豫皖地區勦匪後，再調往陝西勦匪，在長期作戰中，自多損失，然中央未予補充。迨陝北紫羅鎮之役，奉軍兩師人完全覆沒，中樞即把這兩個師的番號亦撤消，氣得張少帥通令全軍報繳剩餘槍枝，自行補充，自籌軍餉，結果補充了一師人，而全軍官兵聞訊更為憤激。此時共黨一面揭出「一致抗日」、「打回老家去」、「中國人不打中國人」這類口號，向前線奉軍大事宣傳，一面又將俘虜去的奉軍中下級幹部，經過一番洗腦工作後，陸續釋放，這些人回到軍中，亦倡述一致抗日，打回老家的理論，振振有詞。於是，全軍官兵對於勦匪事宜，皆存厭倦之心，表示不願從事內戰了。

張學良早已洞悉軍心不穩固的情況，他以為共黨號召一致抗日或許是出於愛國的誠意。這時候，日軍正在進攻百靈廟，全國人士皆主張抗拒日本帝國主義侵略，他曾經暗與共黨派在上海的地下工作人員聯繫，希望毛共密遣代表來滬跟他晤談抗日問題，共方即派李克農前來，但張學良一見之下，覺得李克農這名字很生疏，認為不夠份量，他對李表示，最好跟周恩來談談，共方立即同意，約定在陝北洛川的奉軍騎兵首長，王以哲軍部與周見面[1]，周恩來對張鼓

[1] 張學良：《西安事變懺悔錄》第十四款「當此之時，甘泉自動解圍，共匪表示，不敵視東北軍之誠意，王以哲來電言，共匪派來負責代表一人，到彼軍部，請良親為接見，此時良憶及昔年左文襄收撫馬化龍之故事，同時心中已早存有上述種種，遂

具如簧之舌，加以慷慨激昂的詞色表演，使張氏大為感動，決意一致抗日，拯國難，雪家仇。乃乘蔣委員長五旬壽誕機會，親到洛陽祝壽，晉謁委座，要求停止剿匪工作，讓奉軍北上抗日。蔣認為是違背了攘外必先安內的國策，責學良不明大義，嚴詞訓誨之後，並告學良云：「奉軍若遵從國策，繼續剿匪，即協同楊虎城的部隊，開赴渭河以北地區，奉命作戰。否則你可率部前往安徽戍屯，楊部亦可調赴福建，陝北剿匪任務，即完全由中央軍擔負可也。」這時蔣鼎文、樊崧甫的部隊已進駐潼關，樊部且已到了距西安三十華里的地方。可見蔣委員長對於奉軍不穩的情況，並非不知道，但相信張學良決不會有其他的軌外行動，所以度過壽辰之後，即赴西安坐鎮。據聞奉軍騎兵首長王以哲，曾密電蔣公暫勿前往西安，後來王被奉軍少壯派份子戕殺，即以此故。

在洛陽祝壽期間，有一段關於西安事變的插曲，亦值得一述。青年黨人鈕先銘，原在西安的奉軍幹部訓練班擔任教官，他洞悉奉軍不穩情形，乃密報該黨領袖曾琦，曾氏認為關係重大，即派李幼椿（璜）氏以代表青年黨祝壽為名，馳往洛陽晉謁蔣公密陳前情。某日午後五時

飛洛川，會見該人。彼自稱為李克農，良當時不悉李克農為共黨中何等人物，談判之下，所提之請求，要與後來共黨所提之條件大致相似，良答覆如彼等真誠，可以容納轉陳，但彼之地位，是否可能代表該黨，表示懷疑，促其首領毛澤東、周恩來輩來見。彼答以共黨所提諸事，曾經其全體表決者，如良誠信，彼可商請毛、周來見，彼立即北返。得其答覆，周恩來願同來會見，請約地點和時日，良本先對專克農之約，諒彼等未必真敢前來，待周答覆至，良衷心忐忑，本一動扣留之念，再一尋思，偶起『豈有酖人羊叔子哉』之句。彼既卒然敢來，余當磊落光明，既然彼等聲言為國，聲言抗日，何不推試相見，余前已自動向彼方探索真意，今其自來，如能化敵為友，豈不正合余之心意。如能將此一群強悍，為國家收撫，從事抗日，自以為對國家、對領袖為無上之供獻。並可實現良一往心中諸幻想。即毅然答覆，約周來見，囑周師長福成妥為款待。」

左右，李氏正與蔣公談話間，尚未進入本題，蔣忽然起身立正，態度很嚴肅，李以為這是主人表示送客，不待詞畢即行辭出，心裡頗不愉快。次日把經過情形告訴陳布雷，陳謂委員長對友黨人士素來客氣，何致如此呢？繼而問是在什麼時間，答以下午五時，陳恍然道：「你誤會了！委員長在辦公廳中，每聞早晚升降國旗的號音，必立正表示尊敬之禮。你和委員長談話之際，恰是行營吹起降旗號的時間，以致有此誤會也」。[2]陳囑李改日再謁見，李因急於回滬，未遑等候約談日期，匆匆離洛；曾琦付託他的使命，因而未能達成。

近因

張學良懷著滿腹抑鬱而沮喪的情緒，回到西安後，悶悶不樂，旋聞蔣委員長即將來臨，他還要作最後的幾諫，然結果仍遭譴責，次日，他走到楊虎城的「十七路軍」總部，見著楊後就問道：「你有不有長繩子？」楊謂要繩子幹嗎？張謂：「我要用繩子把奉軍各級幹部綑起來，送給委員長究處。」張說這些話時，尚有楊虎城的總參議趙壽山亦在座。於是，即將他在洛陽挨罵和在華清池又被責的經過情節，以及他要北上抗日的理由，從頭到尾敘述一番，表示憤懣不平，並謂蔣已準備把奉軍調赴安徽，將十七路軍調往福建，如果命令下來，咱們怎麼辦？楊

[2] 有關此一掌故，曾由本刊編者向李璜先生求證，指出本文所述全屬事實。左舜生先生有〈壽介公總統八十〉一文，亦述及此事，謂「這件事我以前未曾談過，現在事過境遷，已成陳跡，我想公開亦不妨了！」

虎城對中樞免去了他的陝西省主席職務，又將他的部隊較精銳的馮欽哉師別調，早感不滿，認為自已遲早會被消滅，乃對張表示同情共鳴，主張協謀自全之道。

蔣公到達西安後，張學良準備召集奉軍的團長以上幹部，請委員長訓話，並聽聽大家的意見，蔣公亦認可，張且囑咐各軍師長，對於出席聽訓人員務須特別告誡，不許對委員長有冒犯的言語。正在進行間，據報委員長的專車已升火待發，即將離陝，張甚惶急，即找楊虎城問計，最後決定先把委員長接來西安城內，阻其離陝再說。所以，十二日午間張聽說西安各校學生齊往華清池向委員長請願抗日，他就急忙趕至中途，對學生聲言他可以代表委員長聽取學生們的意見，予以答覆，當場將學生們勸回來。他已經密令旅長唐君堯，率領衛隊旅孫鳴九的士兵，實行兵諫計畫，深恐學生們到了華清池鬧出軌外行動，妨害他的大計，而震驚全球的「西安事變」，即於當夜發作了！事變發生後，延安的共黨即派周恩來到達西安，共黨認為這是他們得免於潰滅的大好機會，表示可派兵協同張楊抵抗中央軍之進攻，萬一失敗，即挾持蔣來作「人質」，向甘、新地帶進發，再與中央談條件。所以，張楊通電全國的八項主張，全係照抄毛共的舊文章，了無新義。但張學良並無戕害蔣之心，他以蔣住在西安新城楊虎城的防區內，或有意外之虞，急請蔣移住舊城方面他的勢力範圍內，以策安全。

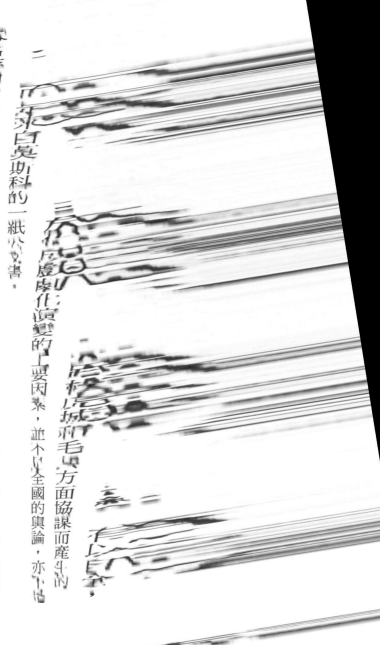

事變何以戲劇化？

亂子既已鬧出，共黨當然助桀為虐，唯恐天下不亂，楊虎城亦樂得乘機觀變，有以自全，張學良就感覺騎虎難下，不知何以善後。這次事變原係他跟楊虎城和毛共方面協謀而產生的，他又不便單獨作主，半途妥協。至於促成戲劇化演變的主要因素，並不是全國的輿論，亦不是中樞的武力，而是來自莫斯科的一紙公文書。

據當時的中共中央委員兼副主席張國燾，後來在香港對筆者談到這回事變的經過內幕說：「事變發生之初，毛共主張殊激烈，派周恩來到西安策劃一切。經過一星期後，莫斯科第三國際有一道命令式的文書送給毛共，內容分三大段敘述：第一段指出國際形勢為法西斯集團與人民陣線對立鬥爭，法西斯德、意、日軸心的攻擊目標就是蘇聯，而以日本為急先鋒；第二段說明日本法西斯軍在進攻蘇聯之前，必先侵佔中國，利用中國的人力物力以與蘇聯作戰，可望立於不敗之地。為著爭取人民陣線鬥爭的最後勝利設想，必須中國人能夠抵抗日本的侵略，使蘇聯得以從容準備，才是上上之計；最後申述第三國際盱衡中國當代人物，具有領導全民以反抗日本侵略的聲望和能力的，只有蔣委員長，認為西安的兵諫行為殊屬失策，影響國際『人民陣線』前途甚鉅，盼望毛共從中盡力斡旋，使蔣委員長安返南京云。這文書係由第三國際書記署名發出的，沒有史達林的名字，然為史達林所指使無疑，毛共此時專靠史達林支持，對此自應奉命唯謹。張學良本無謀害領袖之心，經周恩來游說後，當然願意下台。楊虎城實力不如張學良遠甚，毛共既與張氏一致，他就孤掌難鳴，只好表示同意了。當時奉軍在西安的少壯份子，聞悉這項消息，甚恨周恩來反覆失信，曾集會邀周出席說明，勢將對他不利，周不敢不去，憑著他痛哭流涕擅長表演的技倆，把大家說服，幸免危難。」我曾笑謂國燾：「史達林不是跟蔣委員長有歷史上很深的嫌怨嗎？他何以不落井下石，逞快報復，反而從中緩頰呢？」國燾謂：「人家是理智用事，不講私人感情好惡的！」我說「這就是史達林的厲害之處，離怪托洛斯基鬥不過他，連羅斯福亦上了他的大當呢！」相與拊掌大笑。

宋子文隱衷難言！

西安事變發生後，南京方面的要人，首先到西安活動的是宋子文。他跟張學良素具深交，到達之日，張、楊跟他晤談，他的開場白很得體，說是：「南京方面對這次事變最關心的，當然是我們幾個親戚。但蔣委員長今日的地位，係全國許多人的血汗造成的，全國人士亦關切此事，希望諸位不要以蔣先生的親戚關係來衡量我！」張、楊皆點頭無異言。嗣後不知宋氏對張學良個人有何諾言或默契，當張到南京接受軍法審判，再由國府下令，將張氏交給軍事委員會管束時，宋氏適染病在家高臥，聞訊語其親信朋友曰：「法令固應如此，但個人的人格與信用亦應顧全」，言下似有無限隱衷難以聲述。往後他跟親信朋友談到張學良的事，即謂「我的精神負擔很重」，卻不說出其所以然。於今宋氏溘然逝世，他之所謂「精神負擔」究竟是什麼，便永遠成為一個猜不出的謎了。

（選自《大人》第十四期）

戴笠其人其事

彬彬

名聞中外的中國現代人物戴笠（雨農），筆者僅於對日抗戰結束不久時，偶爾在重慶應酬場合，遇見他一次，卻未交談一語，但我對他頗為欣讚。原因是當時有他的一個老友曾對他說：「抗戰勝利了，你的公務亦比較輕鬆些了，希望你對自己的兒子好好管教一下，免誤前程。」戴謂：「像我這種人，將來自己的下場如何，亦不知道，還有心管下一代的事嗎？隨他去吧！」我覺得此人很朗爽，不失其為豪邁之士，竊心儀之。迨他遇難去世後，又知道他身後並無資財積存，也沒有片瓦寸土的私有房地產遺留在各大都市中。以他二十年來所擔任的職務和其權力機會而言，若要撈錢，十分容易，攬多少亦不致發生問題，然廉潔自持，有所不為，這是很難得的。我沒有足夠的資料來寫《戴笠評傳》，只就見聞所及的若干事情提出來談談，表示個人對他的一點讚許之意而已。

民國三十五年初，對日戰爭剛告結束不久，滬上聞人楊虎（嘯天）尚住在重慶，維時素以星相之術著稱的民社黨人盧毅安亦在渝市，楊慕其名，特託皖人張稚琴介紹，請陪盧到楊寓一談。張與盧於某日午後應約而去，然楊虎猶在樓上午睡未起，二人只好暫入客廳稍待。未幾，有來賓乘汽車馳至楊宅，入門不經傳達，即逕自登樓，而楊宅傭人並不阻止，且對來賓極表恭敬。盧毅安坐在客室中目睹此狀，知非尋常的訪客，便問張稚琴以剛才上樓的來賓是什麼人？張亦不認識。等他下樓辭別主人之際，楊虎很禮貌地恭送如儀，盧亦走出客廳，見楊與來賓站立大門外交談不歇，盧趨前睨視之。繼而楊送客後回入客室跟盧張寒暄時，盧詢楊以適所送之客係何等人物，楊謂：「這人你們不認得嗎？他就是鼎鼎大名的戴笠嘛！」盧默然。旋登樓跟楊虎談星相甚詳，事畢辭歸後，盧告訴張云：「我在楊宅大門外，仔細觀看了戴笠的氣色，很不好！」張問：「不好到甚麼程度呢？」盧搖手謂：「不能說，關係重大！」張更詫異道：「對我說說，毫無關係，我絕對不會向外人洩漏的。」於是，盧輕聲說道：「他一臉的死氣，不出半年，必死無疑。」張聞而駭然，但謂「我們且看結果如何罷！」到是年三月下旬，戴由青島乘飛機趕回滬上與美國海軍上將柯克晤面，而上海機場以霧大不能降落，改飛南京途中，竟在句容縣境的「戴山」相撞，機毀人亡，盧毅安的預言果實現了！

一九五〇年冬，盧毅安到了香港，住灣仔「六國飯店」，筆者由民社黨元老伍憲子介紹，與盧閒談，先問他在重慶給戴雨農看相這回事，他承認不錯。這時美國正大選總統，艾森豪與塔虎脫競爭甚烈，我再問盧：「就這兩人的相片觀察，誰的勝算為多呢？」答言：「根據相片的輪廓和容顏仔細省覽，艾森豪一定當選，但其政績將來一塌糊塗，毫無成就可言。」後來果然不錯，這是我親身經歷的事。現聞盧毅安旅居美國舊金山，而吾友張稚琴仍居香港，可以質證前述盧關於戴雨農的星相判斷為不虛也。

戴係黃埔軍校第六期騎兵科的學生，浙江江山縣硤口鎮人，以未及參加民十五六年北伐戰役，畢業後落拓上海，殊不得意，然多與滬上三教九流的人物交游，喜歡打聽各方面的時事消息。民國十七年冬，原來屬於唐生智的革命第八軍三個師，因唐在武漢被打垮後，已由白崇禧改編統率在河北一帶駐防著。既而唐暗與閻錫山聯合，閻給他三百萬元，運動舊部脫離桂系南下，中央亦同意唐生智再起領導湘軍，唐即以「回到老家」的口號煽動舊部，白崇禧倉皇棄軍，隻身南來，湘軍仍歸入唐掌握，帶到河南漯河戍屯待命，旋參預中央討馮（玉祥）戰役後，仍在河南整訓。詎唐好亂成性，又與汪精衛勾結，密謀反抗中央。當時國內各方軍閥，經常派有嘍囉在上海租界內活動，或採購軍用器材與醫藥品，或從事合縱連衡的政治陰謀，戴笠在滬交游既廣，聞得唐生智不穩消息後，即調查湘軍在河南駐防的位置分布詳情，寫成祕密報告文件，馳赴南京，請託在蔣校長侍從室服務的同學代為轉呈，然同學們以其所述事項殊突兀，疑係道聽途說的訛傳，恐非事實，徒亂人意，束之高閣，未予轉遞。戴乃乘蔣校長坐車到總司令部辦公之際，佇立車前，高舉雙手，大呼「報告校長：學生是戴笠，有機密情報面呈。」衛士將其所謂「機密情報」收下，教他走開。他在報告書中，已附註著自己的通訊地址，只好回到上海，靜候下文。過了不久的時間，唐生智果然打出「護黨救國」的旗幟，在漯河通電造反了！這才知道戴雨農的情報是可靠的，即通知他到南京面覲校長，頗示嘉許。戴又擬有計畫進呈，主張在中樞設置情報機構，專責進行，當蒙採納，即命戴策劃一切，另派鄭介民、張炎元、陳希曾等三人相助為理，而戴即從此發跡，成為情報首腦人物了。在後經過了民十九年中原大戰，以及民二十年西南為胡漢民幽居湯山事件而宣告獨立自主，民二十二年「福建人民政府」諸變亂之役，戴的情報工作皆表現很好，乃將軍事委員長南昌行營原設的「調查科」，亦歸併於戴的情報單位，改稱為「軍事委員會調查統計局」，而以軍委會辦公廳主任兼局長，戴笠任副局長，實際由戴主持其事，局長完全不過問，僅於每年元旦，調查統計局全體人員團拜聚餐時，恭請局長到場，由戴領導同人向局長敬酒一次而已。

關於「軍統局」的日常業務情況，我不清楚，只就戴公開表現的重要事項，而對國家有益者，略述一二，以概其餘。

對日抗戰中期，大後方物資缺乏，對外的交通孔道，僅有滇緬路一線而已。此外就是由上海方面搶運一些日常生活必需品，藉以接濟巴蜀民眾。至於必不可少的舶來品，全靠滇緬路輸入，政府管制甚嚴，普通商人不能經營，尤禁奢侈品進口。政府特設「國際運輸統制局」，綜持其事，由軍政部長何應欽兼局長，下設「指揮處」，由交通部長俞飛鵬兼任，「監察處」初由曾養甫擔任，後派戴笠兼任之。政府在國外所購物資，先從仰光運至臘戍儲存，逐漸轉運昆明。財政部在昆明設置「西南運輸處」，專負接運一切物資之責，派林士良為處長，又以中央銀行信託局名義，在臘戍設置招待所，亦由林士良兼任該所主任職務，旨在使往來仰光與昆明之間的運輸處人員食宿方便也。

西南運輸處受國際運輸統制局監督指揮，該處擁有貨運大卡車二百餘輛，每次所運貨物，皆用財政部印製的封條貼在貨品箱上，沿途軍警機關即免予檢查。西南運輸處長林士良，係孔祥熙部長的親信幹部，據說他原係孤兒院出身的，由孔資助他完成學業，再入財政部任事，人亦聰穎，深得上峯信任，孔夫人亦深喜之。

民國三十三年正是仰光被日軍佔領，我國抗戰吃緊，重慶大後方物資最缺乏之秋，而市面上各種外國奢侈品琳瑯滿目，公開出售，始以為係美軍方面拋售出來的，經查明不確。蓋美軍的軍用物資種數有限，只是香菸啤酒之類，若男女衣料絲襪暨婦女化裝品以及打火機等等，是少有的。戴雨農的情報工作很嚴密，知道這都是由西南運輸處利用職權，走私進來的。但未獲得證據，不便究辦。於是，他以國際運輸統制局監察處長身，親往昆明偵查。這時仰光失守，臘戍很危急，西南運輸處長林士良親自到臘戍搶運儲存該地的貨物。某日，林以一百五十輛大卡車載運物資到昆明來，戴從長途電話中詢知這批卡車何時由臘戍開出，林士良親自押運等情況後，屆時帶同衛士在昆明車站上，等候大隊車輛一到，即隨車開至存貨的倉庫中，立即拆去封條，檢視全部貨物，大部分皆係走私的奢侈品，旋將林士良扣留訊究，以人贓俱獲，無從狡賴，乃據情呈報重慶最高當局，請將林置之大辟，藉伸法紀，而渝方大員為林士良緩頰的電報紛至沓來，孔部長且電令戴——他兼任財政部緝私署長——著將林押解重慶處理，不得違誤。戴知若將林解赴重慶，勢必不了了之，即將林槍斃，覆電孔謂奉到電令時業已將林處決了！

消息傳播後，各方人士初則震驚，繼則稱讚戴此項非常舉動，足以廉頑立懦，戢止貪風。然孔已為之大怒，指戴抗命擅殺政府要員，非同小可。戴回渝晉謁財孔，報告本案經過時，孔夫人曾斥責道：「戴笠，你有幾個腦袋？」其忿慨可知。既而孔乃下令裁撤「財政部緝私署」，戴兼任署長已久，經手公帑亦多，倉猝移交，措手不及，然又無法挪移「軍統局」公款濟急，因該局經費係由中樞派遣經理處長綜持的。他怕授人以虧欠公款、移交不清的罪名，只好四出張羅，幸得杜月笙大力幫忙，才使緝私署的移交辦妥，未出紕漏。

林案發生後，外間忽有訛言流傳，謂戴之敢於處決林士良，背後必有特殊力量支持他，否則不致如此大膽。未幾，香港廣東銀行總務處長鄧勉仁由港赴渝，臨行有人祕密託他帶信交給渝方要員，內容是談中日停戰言和問題。蓋此時日本軍閥自知必敗，急求中日和談，曾挽周作民向渝方要人接洽。鄧勉仁原係毫無政治知識的純粹商賈之輩，以為帶一信到重慶，無關宏旨。他到達渝市時，原信即被檢查機構查獲了，認有通敵嫌疑，報告戴笠處理。廣東銀行的董事長是宋子文，於是，即有人對戴說：「孔部長手下的人走私，你將他殺了，宋部長手下的人通敵，看你怎麼辦？」戴為澄清訛言，報請最高當局核准，即把鄧勉仁執行槍決！實則林士良案發生時，宋子文正在美國公幹未歸。

戴雨農對於剷除貪污的果敢精神，是值得稱讚的。他接任「國際運輸統制局」監察處長後，查得前任處長曾養甫任用的三個上校科長和兩個諮議，皆有利用職務從事貪污的確證，曾將兩個科長槍斃，其餘三人予以撤職，這時曾養甫擔任滇緬鐵路督辦，亦住在昆明，但戴不顧一切，依法行事。至於他直屬的軍統局大小職員，如有貪污行為，一經發覺，決無倖理。所以戴在生時，很少聽說有軍統局人員犯貪污罪行的，因為戴自己很廉潔，絕不積蓄私財，有目共睹。假使他好貨，包括海陸空的全國緝私事宜皆在掌握中，要弄錢，太方便了。迨他去世後，情形就不同，人亡政息，可發一嘆！

對日抗戰中期，中國戰區已有美軍駐在，而由美方的高級軍官擔任中國戰區參謀長兼美軍司令。民國三十二年華府五角大廈決計要派遣軍隊在中國東南沿海岸登陸，協同國軍攻擊敵寇，但須瞭解日軍在沿海地區的活動情況暨該地區的氣象、水利等，又對日本海空軍的密電碼，亦須隨時偵查翻譯。乃派遣曾任遠東艦隊艦長的梅樂斯中校，到重慶來接洽一切，我方即由戴笠負責洽商，擬設置「中美特種技術合作所」負責進行，經華府五角大廈同意後，於一九四三年五月中旬，在重慶簽訂合同，正式成立合作所，參加簽訂合同典禮的美方代表為羅斯福總統私人代表魯斯（《生活雜誌》主持人）與梅樂斯中校，我方代表為外交部常務次長胡世澤與戴笠。中美合作所的主任由戴擔任，副主任為梅樂斯。

戴賦性爽朗豪邁，勇於負責，亦重然諾，他待人接物的作風，很適合美國朋友的脾胃，副主任梅樂斯跟他相處甚融洽，毫無芥蒂。因而中美合作所舉辦的各種技術訓練班的器材與教官，都由美方儘量供應，成績斐然，其中尤以特種警察訓練班，辦理得最有成績。為著加強對日作戰的力量，美方又答應協助戴建立一支特種武裝部隊，專負責敵後游擊任務。戴即將原有財政部緝私署所屬緝私隊作基礎，組織「忠義救國軍」，由黃埔軍校四期畢業生周偉龍擔任總指揮；隨後再成立「別動總隊」，以軍校二期畢業生馬志超為總隊長；這兩支特種隊伍，皆派在東南各省區從事敵後游擊工作；並受中美合作所在福建建陽設立的「東南辦事處」，直接指揮，使敵寇增加很大的威脅。到了一九四五年夏間，中美合作所在東南沿海地區進行的接應美軍登陸計畫，已告完成，若不是美國造出原子彈，使日本迅速投降，美軍一旦登陸上海，進攻日軍，戴雨農部署的潛力，必能有所表現的。但他的忠義救國軍總指揮周偉龍，曾在上海幹過一樁對國家大有裨益的事情，世人莫悉其詳，於今事過境遷，關係人物皆去世了，不妨附帶談談。

時人僅知唐紹儀在上海被刺殞命這回事，卻不知以利斧劈殺唐的就是周偉龍。當時唐在上海受日寇煽惑，甘作大漢奸，而以統一南北兩個偽政權，由他擔任領袖為出山條件，日寇亦表同意，唐即積極斡旋於其間，進行很順利，如果奸謀得逞，對抗戰前途，危害甚大。戴笠廉悉真實情況，密令駐在浙江境內游擊的周總指揮，實行除奸工作。但唐的居處警衛嚴密，且拒見普通賓朋，初次派往上海執行的人，殊難著手，周乃親自出馬化裝為商賈，潛入上海租界內，偵悉唐紹儀嗜好古玩，常尤其青年外甥某，引導素有往來的一家古董商人，持貨品至唐宅求售。周先以重金購買該古玩店，仍由原店主擔任經理之職，厚其待遇，然後利用他的關係，結識唐的外甥。某日，以一隻高盈數尺的珍貴古瓷瓶，協同唐的外甥，攜往唐宅請唐賞鑑。當唐低首省察古瓶之際，周出利斧予以劈死，該青年外甥警駭失魂，周又脅其不許聲張，得以從容離開。他早已購置船票在身，急馳赴碼頭圖逃，旋被緹騎追及，由該青年外甥指認，捉到日本憲兵隊去，受盡各種酷刑，他只供說是報私仇，並未暴露身分，戴雨農不惜一切耗費，最後將他保釋出來。洎是，周的兩頰皮肉常作波動狀態，據他說，就是飽受日寇的電刑所使然也。

軍統的主要職責是在偵查敵情，防制叛亂，有時要滲入敵人的陣營，發揮作用。共黨大力宣傳「國特」的罪惡，實則全世界任何國家都有特務機構，如美國的「聯邦調查局」，其規模之龐大，遠非吾國的軍統所能望其項背，而共黨教全體人民彼此互相監視偵查，可謂全民特務化。

在對日抗戰以前，廣西宣稱自主，拒奉國府正朔，對於戴雨農的情報工作人員，防範嚴密，很不容易滲透於其間。桂省亦專設情報機構，而以留俄學生黃公度主持之，黃係托派份子，乃堅決反抗南京的死硬派，他以廣西建設廳長兼桂軍政訓處長職位，掌管情報工作。政訓處第二組主任邱春光為其親信幹部，邱出身黃埔軍校第四期，是共產黨徒，黃氏倚之為股肱，其餘的第一組主任程思遠，第二組主任盧英隆，皆不能參預極機密的情報事宜。戴雨農即利用黃埔同學關係，跟邱春光取得了聯繫，把祕密電台用桂軍政訓處名義由香港運入廣西，建立地下工作據點，逐漸發展後，黃公度亦知道了。但邱春光認為少數的「軍統」隱形份子，既在自己控制之中，殊不足懼，且可施行「反間」工作，黃公度深以為然，但不能不祕密向桂軍副總司令白崇禧報告，請白轉達李總司令宗仁備悉其情。所以，後來廣西方面亦潛派人員到戴所辦的訓練班受訓。

越民國二十五年秋，兩廣問題和平解決，戴笠派在桂省的情報人員更趨活躍了。然黃公度與邱春光皆反對廣西與南京合作，而李、白不從，黃、邱乃命其指揮下的情報嘍囉，向駐防柳州的桂軍軍長廖磊告密，把軍統設在柳州的祕密電台破獲了。廖係白崇禧的親信，即向黃公度提出嚴厲詰問，指責黃事前明知柳州有軍統的地下組織，竟不使駐防當地的最高軍事長官知悉，此即表示對本人（廖自稱）不信任，詞意甚為憤懣不平，黃答以早經報告白副總司令在案，詎白忘記了告訴廖軍長，迨廖赴南寧面將此事詢問白時，白謂「我也不知道」。於是，廖大怒，要求李、白非將黃公度撤職不可，李、白只好照辦，黃與邱春光即離桂到了香港。但黃在桂省擔任重要職務有年，應該移交的手續很多，不能不回去料理，而邱春光拒絕回桂。黃由香港遄返桂林後不久，蘆溝橋事變發作，李、白通電即率桂軍北上抗日，然廖磊與一般桂軍將領，平日深惡黃公度殊甚，認為廣西尚留下一個陰賊險狠的黃某，出征的將士們都引以為憂，大有此人不除，則六軍不發之勢。李白為著安定軍心，乃以密謀釀亂的罪名將黃槍斃了！

若不是戴雨農設法派人潛入廣西工作，這一著名的反動份子黃公度即不致於消滅，而對抗戰前途，很可能發生若干不良影響吧？

日本宣告投降後，戴與杜月笙、錢新之等，首先對達上海。汪政權巨頭周佛海，早與戴有密切聯繫，戰時戴派在上海的地下工作人員暨電台，即潛留在周宅內。所以，關於接受汪政權的軍事和財政方面各項事宜，皆由周與戴直接處理，詳實順便而不費力。後來周佛海被判處無期徒刑，筆者到南京老虎橋監獄去看他，他很感慨地對我說：「我在重慶看到雨農罹難的消息，就知道我完了！因為我在戰時『通謀祖國，企圖顛覆敵國』的經過事實，只有雨農最清楚，他一死，再無人替我作證了。」

戰事既告結束，原有的忠義救國軍與別動總隊，已無存在之必要，應該別作安排。此時美國特使馬歇爾正在我國調停國共之爭，各地設置「軍調小組」，要雙方就地停戰，國軍當然照辦。但共軍卻以化整為零的詭術，於夜間從各處鐵路線左右地帶，向前滲透推進，遇著政府守軍力量較弱的，即加攻擊繳械。戴笠明知其然，乃將忠義救國軍和別動總隊，連同接收偽財政部的稅警團，合組為「交警總隊」，屬交通部管轄，受軍統局指揮，每隊人數等於一個混成旅，士兵制服與警察相同，武器卻很新式，盡係美國製的卡賓槍，只是沒有重武器而已。交警的任務是保護交通安全秩序，目的即在對付共軍化整為零的滲透戰術，收效甚宏。初時成立八個總隊，分別駐防京津滬漢各鐵路幹線兩旁，往後逐漸擴充，另設「交警總局」綜持其事，到民國三十八年，交警總隊已增至二十四個單位了。交警總局長首任是吉章簡，周偉龍、馬志超亦先後擔任過局長職務。

參加中美合作所的美國代表，原係海軍將領，經過了幾年的合作關係，他們對戴雨農極示推崇，認為是中國的特出人才，曾慫恿戴今後致力於海軍建設工作，美國願盡力協助。戴個人雖未必有意於變換職位，然藉此機會能替國家增強海軍實力，自屬一大佳事。他在遇難以前的青島之行，就是奉命去接收當地一所海軍學校，嗣以接得美海軍柯克上將到滬，等候他晤面的電報，才急於趕回上海，終因大霧迷濛，不幸遇難，天實為之，謂之何哉！

戴所縮領的軍統局直屬人員，到對日抗戰結束時，共計有三十餘萬人了。這些人到職後即成為軍統這一特殊組織的一份子，遵守嚴格紀律，無法踰越，否則予以「家法」處置，可說是戴在政治上一種雄厚的力量。抗戰結束初期，住在重慶的一般所謂民主人士，紛紛組織政黨，冀圖攘取政治權利，據說，曾有人建議戴，將軍統所屬的文武人員作基幹，大可創立一個新的政黨，必能凌駕諸在野黨派之上，很有發展希望，但戴以自己不是搞政治的人，笑謝之。他對於建設海軍卻感興趣，可惜所志未酬身先逝了！

戴不貪財，亦無煙賭嗜好，在私生活方面，唯一貽人口實的即係好女色。他中年悼亡之後，未再續娶，食色，性也，自古以來，凡是在政治上有作為的人，十九都免不了這種嗜好的，就道德觀點說，亦不過是人生的小疵而已，於戴何責乎？固不失其為一代人傑也！

（選自《大人》第十九期）

附錄：《大人》雜誌全套四十二期總目錄

第一期（一九七〇年五月十五日）：

第二期（一九七〇年六月十五日）：

第三期（一九七〇年七月十五日）：

第四期（一九七〇年八月十五日）：

第五期（一九七〇年九月十五日）：

第六期（一九七〇年十月十五日）：

第七期（一九七〇年十一月十五日）：

第八期（一九七〇年十二月十五日）：

第九期（一九七一年一月十五日）：

第十期（一九七一年二月十五日）：

第十三期（一九七一年五月十五日）：

第十四期（一九七一年六月十五日）：

第十五期（一九七一年七月十五日）：

第十六期（一九七一年八月十五日）：

第十七期（一九七一年九月十五日）：

第二十一期（一九七二年一月十五日）：

第二十三期（一九七二年三月十五日）：

第二十四期（一九七二年四月十五日）：

第二十五期（一九七二年五月十五日）：

第二十六期（一九七二年六月十五日）：

第二十七期（一九七二年七月十五日）：

第二十八期（一九七二年八月十五日）：

第二十九期（一九七二年九月十五日）：

第三十期（一九七二年十月十五日）：

第三十一期（一九七二年十一月十五日）：

第三十二期（一九七二年十二月十五日）：

第三十三期（一九七三年一月十五日）：

第三十四期（一九七三年二月十五日）：

第三十五期（一九七三年三月十五日）：

第三十六期（一九七三年四月十五日）：

第四十期（一九七三年八月十五日）：

第四十一期（一九七三年九月十五日）：

第四十二期（一九七三年十月十五日）：

釀時代15　PC0691

我所知道的名人往事：
《大人》雜誌精選

原　　編	沈葦窗
主　　編	蔡登山
責任編輯	洪仕翰
圖文排版	周妤靜
封面設計	王嵩賀

出版策劃	釀出版
製作發行	秀威資訊科技股份有限公司 114 台北市內湖區瑞光路76巷65號1樓 電話：+886-2-2796-3638　傳真：+886-2-2796-1377 服務信箱：service@showwe.com.tw http://www.showwe.com.tw
郵政劃撥	19563868　戶名：秀威資訊科技股份有限公司
展售門市	國家書店【松江門市】 104 台北市中山區松江路209號1樓 電話：+886-2-2518-0207　傳真：+886-2-2518-0778
網路訂購	秀威網路書店：http://store.showwe.tw 國家網路書店：http://www.govbooks.com.tw
法律顧問	毛國樑　律師
總 經 銷	聯合發行股份有限公司 231新北市新店區寶橋路235巷6弄6號4F 電話：+886-2-2917-8022　傳真：+886-2-2915-6275

出版日期	2017年9月　BOD一版
定　　價	180元

國家圖書館出版品預行編目

我所知道的名人往事：《大人》雜誌精選 / 沈葦
窗原編；蔡登山主編. -- 一版. -- 臺北市：
釀出版, 2017.09
面；　公分. -- (釀時代；15)
BOD版
ISBN 978-986-445-223-1(平裝)

1.傳記 2.中國

782.2　　　　　　　　　　　　106015003

請貼
郵票

11466
台北市內湖區瑞光路 76 巷 65 號 1 樓
秀威資訊科技股份有限公司 收
BOD 數位出版事業部

（請沿線對折寄回，謝謝！）

姓　名：＿＿＿＿＿＿＿＿ 年齡：＿＿＿＿ 性別：□女 □男

郵遞區號：□□□□□

地　址：＿＿＿＿＿＿＿＿＿＿＿＿＿＿＿＿

聯絡電話：（日）＿＿＿＿＿＿＿＿ （夜）＿＿＿＿＿＿＿＿

E-mail：＿＿＿＿＿＿＿＿＿＿＿＿＿＿＿＿